聚焦财务室 年终会计实务工作手册

潘仁彪 著

民主与建设出版社

图书在版编目（CIP）数据

聚焦财务室：年终会计实务工作手册／潘仁彪著．
—北京：民主与建设出版社，2013.11

ISBN 978 - 7 - 5139 - 0307 - 3

Ⅰ．①聚…　Ⅱ．①潘…　Ⅲ．①会计实务 - 手册　Ⅳ．
①F232 - 62

中国版本图书馆 CIP 数据核字（2013）第 255668 号

责任编辑	程　旭
封面设计	张　蕊
出版发行	民主与建设出版社
电　话	（010）85698040　85698062
社　址	北京市朝阳区朝外大街吉祥里 208 号
邮　编	100020
印　刷	北京盛源印刷有限公司
成品尺寸	170mm×240mm
印　张	16
字　数	220 千字
版　次	2013 年 12 月第 1 版　2013 年 12 月第 1 次印刷
书　号	ISBN 978 - 7 - 5139 - 0307 - 3
定　价	39.80 元

注：如有印、装质量问题，请与出版社联系。

前言

岁末年初是企业财务人员一年中最繁忙的时候，有许多工作要做：要清查资产、核实债务；要对账、结账；要编制财务会计报告。在这一系列工作中，有许多值得注意的问题，尤其是涉及企业所得税汇算清缴的相关事项更应值得我们关注。

《聚焦财务室：年终会计实务工作手册》奉献给爱岗敬业、勤于学习、不断进取的会计人。这是专门梳理年终会计实务的一本好书，所说的都是一些有针对性的问题，力求通过本书帮助会计人员掌握年终会计实务的专业知识和最新的法律法规，解答年终会计实务中涉及的疑难问题，有效提升会计人员的实际工作能力。对于有会计实务经验的老会计来说可作为重新系统梳理年终会计工作的读物，对于缺乏会计实务经验的会计新人来说也可以让你系统地了解年终会计人员的工作实务。

本书分为四篇：

第一篇：年底资产清查、债务核实

年底资产清查、债务核实，既是会计核算的一种方法，也是企业内部实施会计控制和会计监督的一种活动。本书根据会计实务就资产清查方法、资产清查结果处理和相关债务核实的要点进行阐述，以便能够切实盘实自身的身价以及借鸡生蛋必须还的鸡。

第二篇：年底对账结账、利润结转

年底，要通过检查账簿所记录的有关数据，做到账证相符、账账相符、账实相符，保证账簿记录的真实、完整和正确，加强对经济活动的核算与监督，同时按照规定的方法将各个账户的本期发生额和期末余额结算清楚，为编制财务会计报告提供真实可靠的数据资料。本篇阐述了账证核对、账账核对、账实核对的主要方法，查找错账、更正错账的方法，结账的程序、具体方法，期末账项调整以及年底成本费用、收入、利润的结转，可以指导年底对账、结账及结转工作。

第三篇：报表编制篇

财务会计报告是会计核算工作的结果。该篇在阐述了财务会计报告的概念、编制要求等内容后，结合案例，详细解析了资产负债表、利润表、现金流量表、所有者权益变动表的内容、结构、列报要求以及编制方法，对财务会计报告的编制工作有很强的指导性。

第四篇：企业所得税汇算清缴篇

一个会计年度终结，企业所得税汇算清缴是一项非常重要的工作。

本篇以《企业所得税法》、《企业所得税法实施条例》为主线，结合近年出台的与企业所得税相关的主要文件，对收入确认、成本费用税前扣除、税收优惠、特别纳税调整等事项，进行了详尽阐述，希望能够藉此指导会计人员提高风险意识，把握并切实运用这些税收政策，最大限度地规避税务风险，减少不必要的税务处罚和税务负担，同时充分利用政策优惠等，为企业发展增添动力。

由于编写时间和编者水平有限，书中难免存在纰漏和不足之处，敬请广大读者批评指正。

目 录
CONTENTS

第一篇

年底资产清查、债务核实

第一章　资产清查

第一节　资产清查概述

很多企业常常发现一些存货会不翼而飞，发生短少的现象；存货因产品设计变更变成呆滞存货；应收款项因账务不清而无法收回；固定资产因没有良好的保管制度，以致失修而报废或遗失。诸如此类的无形损失都迫切需要企业建立健全财产清查制度，落实相关资产清查工作。而企业也通常会进行定期和不定期的资产清查。通常企业会设置固定时间进行资产清查，而大多企业通常都会在年底进行全面的资产清查。

资产清查是指根据有关账簿记录，通过对货币资金、各种实物资产和往来款项的实地盘点、账实核对或查询，查明某一时期的实际结存数，并与账存数核对，确定账实是否相符的一种会计核算方法。

一、资产清查的原因

企业单位各种资产的增减变动和结存情况，通过凭证的填制与审核、账簿的登记与核对，已经在账簿体系中得到了正确反映，但账簿记录的正确并不能够说明各种资产实际结存情况的正确。在具体会计工作中，通常会出现以下情况：

（1）实物收发时，由于计量检验器具不准确而发生品种或数量上的计量差错；

（2）财产物资在保管过程中发生的自然损耗，如干耗、破损、霉烂等；

（3）因管理不善或责任人失职而出现实物资产的变质、毁损及短缺等损失；

（4）不法分子贪污盗窃、营私舞弊等违法行为造成实物资产的短缺；

（5）由于有关凭证未到，形成未达账项而引起银行存款及往来账项的数额不符。

（6）保管人员在收发中计算或登记错误；

（7）会计人员记账时发生重记、漏记、错记；

（8）因不可抗力遭受损失，如水灾、火灾等自然灾害。

上述情况的发生，那么即使是账证相符、账账相符，资产的账面数与实际结存数仍然可能不相一致。为此，必须进行资产清查。

二、资产清查的作用

资产清查既是会计核算的一种方法，也是企业内部实施会计控制和会计监督的一种活动。其作用主要表现在：

1. 保证会计核算资料真实准确

通过资产清查，确定各项财产物资、债权债务的实际数额，确定账面数与实际结存数是否相符。如有差异，及时分析查明产生差异的原因和责任，对确认的盘亏、盘盈资产及时进行账务处理，使账面数与实际结存数一致，保证会计核算资料的真实准确。

2. 促进资金的有效管理

通过资产清查，能够使有关人员具体了解企业各项财产物资的储备、利用情况以及质量构成，以便采取措施，充分挖掘财产物资的潜力，促进财产物资的有效使用。对于已经损坏或变质，失去效用的不良资产应及时转销；对于储存时间较长，将失去效用和超储积压的沉淀资产应及时处理，使其投入正常的周转。

3. 保护资产的安全完整

通过资产清查，查明各项财产物资有无挪用、贪污、盗窃以及有无毁损、变质和浪费等情况，以便及时采取措施，加强管理，同时查明各种往来结算款项的结算是否正常，及早发现长期拖欠的债权债务，避免坏账损失的发生，保护各项财产物资的安全和完整。

4. 强化资产管理的内部控制制度

通过资产清查，检查企业对财经纪律、内部控制制度的遵守执行情况，查明财产物资的验收、保管、调拨、报废以及现金出纳、账款结算等手续制度的贯彻和落实情况，发现问题及时采取措施，建立健全有关规章制度，提高管理水平。

三、资产清查的种类

资产清查是内部控制制度的一部分，它的功能在于定期检查确定内部控制制度的执行是否有效；资产清查也是企业管理的重要环节，财产管理的水平直接影响着企业的管理水平和利润水平。在企业的日常工作中，在考虑成本效益原则的情况下，可以根据需要选择范围大小适宜、时机恰当的资产清查。也就是说，可以按照资产清查实施的范围大小、时间间隔等对资产清查进行适当地分类，见图1-1-1。

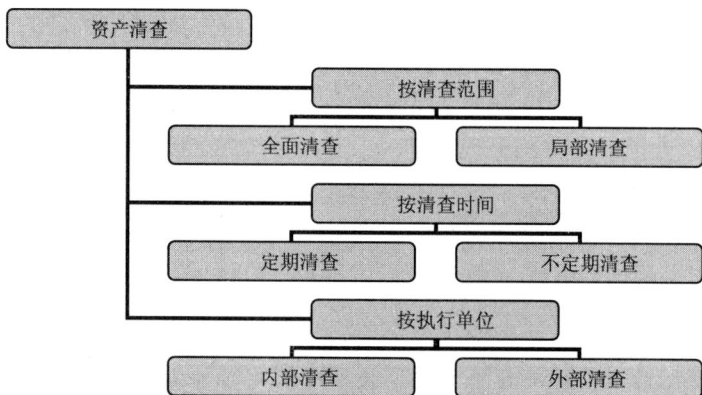

图1-1-1　资产清查分类

1. 按清查对象的范围分类

（1）全面清查。全面清查是指对一个单位的全部资产，包括实物资产、货币资产以及债权债务等进行的全面彻底的盘点与核对。其特点是清查的范围广、需要的人员多、耗费的时间长。一般在下列情况采用：

①编制年度会计报表前；

②发生产权方面的重大变化，如破产清算、撤销、合并、改制或改变隶属关系时；

③企业更换主要负责人时；

④发生了重大的违法案件时。

上述四种情况中，第①种情况是企业每年都应该进行的。

国务院颁布的《企业财务报告条例》第二十条规定，企业在编制年度财务会计报告前，应当按照下列规定，全面清查资产、核实债务：

（一）结算款项，包括应收款项、应付款项、应交税金等是否存在，与债务、债权单位的相应债务、债权金额是否一致；

（二）原材料、在产品、自制半成品、库存商品等各项存货的实存数量与账面数量是否一致，是否有报废损失和积压物资等；

（三）各项投资是否存在，投资收益是否按照国家统一的会计制度规定进行确认和计量；

（四）房屋建筑物、机器设备、运输工具等各项固定资产的实存数量与账面数量是否一致；

（五）在建工程的实际发生额与账面记录是否一致；

（六）需要清查、核实的其他内容。

（2）局部清查。局部清查是指对企业流动性较强、易发生损耗及较贵重的部分资产进行的盘点或核对。其特点是清查的范围小、针对性强、人员与时间的耗费较少。按有关规定，存货项目包括的各项资产，除了全面清查外，还必须在年度内轮流进行盘点和抽查；贵重财产，每月都要进行清查；银行存款余额，每月要同开户银行核对一次；库存现金，出纳人员每日都要进行清点；各种往来款项，每年至少与对方核对一到二次。

2. 按清查的时间分类

（1）定期清查。定期清查是指按照预先计划安排的时间，对一个单位的全部或部分资产进行的清查。其特点是事先有安排、有计划。这种清查一般安排在月末、季末和年末结账时进行。定期清查可以是全面清查，也可以是局部清查。多数情况下，年末进行全面清查，月末、季末进行局部清查。

（2）不定期清查。不定期清查是指事前未规定清查时间，而是根据实际需要临时决定对资产进行的清查。其特点是带有突发性和偶然性，事先无计划、无安排。一般在下列情况采用：

①更换财产物资经管人员（出纳员、仓库保管员）时；

②实物资产遭受意外损失时；

③清产核资工作时；

④财政、审计、税务、银行等部门进行会计检查时。

不定期清查一般是局部清查。

第二节　资产清查方法

一、资产清查的程序

资产清查涉及的财产物资范围较广、需要的人员较多、耗费的时间较长，为了保证资产清查收到实效，必须做好各项准备工作，有计划、有组织、有步骤地进行。其一般程序如下：

1. 成立清查组

成立由财会部门、资产管理和使用部门的相关人员组成的三结合清查小组，负责组织领导和实施清查工作。

（1）制定清查计划，确定清查范围，规定清查时间和步骤；

（2）配备足够的清查人员，落实好各自的分工和职责；

（3）清查过程中，安排合理的工作进度，做好清查质量的监督工作；

（4）清查完毕后，应及时汇总清查结果，并提出处理意见上报有关部门审批处理。

2. 做好清查相关工具的准备工作

（1）账簿准备。这项工作的负责人是会计人员。应将清查日前所有的收发凭证登记入账，并结出账面余额；认真核对总账和有关明细账的余额，做到账证相符，账账相符，为账实核对提供准确的依据。

（2）实物准备。这项工作的负责人是实物资产使用、保管部门的人员。应将其使用和保管的各项资产，按其自然属性予以整理清楚，有序排列，整齐堆放，并利用标签注明资产的品种、规格和结存的数量，便于盘点核对。

（3）计量器具和登记表格的准备。应准备好计量器具，校正度量器，以保证盘点结果的准确可靠；同时要准备好登记用的各种表格，如盘点表、实存账存对比表等。

二、库存现金的清查方法

（1）现金清查的方法是实地盘点法，要求出纳人员必须在场，以明确责任，即由出纳人员对库存现金逐张清点，清查人员在旁边监督，明确库存现金的实存金额。

（2）将库存现金的实存金额与现金日记账的余额进行核对，确定账实是否相符。

（3）将库存现金的实存金额与库存现金限额进行核对，确定库存现金是否超过银行核对的库存限额。

（4）检查有无以"白条"抵充现金的现象，即以未经合法会计手续的非正式单据抵充库存现金，查清有无挪用现金的现象。

（5）盘点完毕后，应根据盘点结果和现金日记账的结存余额填制库存现金盘点报告表，由清查人员和出纳人员共同签名盖章。该表兼有盘存表和实存账存对比表的双重作用，是对库存现金进行差异分析和用以调整账项的原始凭证。库存现金盘点报告表如表1－1－1所示。

表 1-1-1　　　　　　　　　　**库存现金盘点报告表**

编制单位：　　　　　　　　　　年　月　日　　　　　　　　　金额单位：元

实存现金	账面余额	盘盈	盘亏	备注
盘点后得到的实存数	现金日记账的余额	实存金额多与账存金额	实存金额少与账存金额	

盘点人：××　　　　　　　　监盘人：××　　　　　　　　制表人：××

三、银行存款的清查方法

银行存款清查的方法是核对银行对账单，即根据银行存款日记账与开户银行转来的对账单进行核对。对账单是开户银行客观记录企业资金流转和余额情况的记录单。

清查时应根据对账单与银行存款日记账逐笔核对其发生额和余额，查清是否有错记、漏记现象，如有必须及时更正。如果对账单与银行存款日记账的结存余额不相一致，除某一方（尤其是企业）账簿登记发生错记、漏记外，大多情况是由"未达账项"所造成。

未达账项是结算凭证在银行与企业之间传递时，由于时间上的差异，导致一方已经入账而另一方尚未入账的款项。企业和银行之间未达账项一般有四种情况：

第一，银行已经收款入账，而企业尚未收款入账的款项；

第二，银行已经付款入账，而企业尚未付款入账的款项；

第三，企业已经收款入账，而银行尚未收款入账的款项；

第四，企业已经付款入账，而银行尚未付款入账的款项。

上述第一和第四种情况，会使企业银行存款账面余额小于银行对账单的存款余额；第二种和第三种情况，会使企业银行存款账面余额大于银行对账单的存款余额。无论出现哪种情况，都会使企业存款余额与银行对账单存款余额不一致。因此，必须编制银行存款余额调节表，对银行和企业之间的银行存款账户进行核对。

四、应收款项的清查方法

（1）应收款项清查的方法是与债务单位核对账目。

（2）首先将清查日截止时的有关结算凭证全部登记入账，在确保本单位应收款项余额正确的基础上，编制一式两联的对账单，通过电函、信函或面询等方式，送交对方单位进行核对。对方单位核对后，应将核对结果在对账单上注明，加盖公章后退回清查单位。

（3）如果发现双方账目不符，必须在对账单上注明，清查单位要进一步查对。发现未达账项，亦可采用前述调节方法予以调整相符。

（4）应收款项的清查，应填制应收款项登记表，由清查人员和记账人员共同签名盖章，其格式如表1-1-2所示。

表1-1-2　　　　　　　　　　应收款项登记表

总账名称：　　　　　　　　年　月　日

明细账		清查结果		核对不符原因			备注
名称	账面余额	核对相符金额	核对不符金额	未达账项金额	有争议金额	其他	

清查人员（签章）　　　　　　　　　　　　　　　　记账人员（签章）

五、实物资产清查的方法

1. 实物资产的盘存制度

（1）永续盘存制。永续盘存制又称账面盘存制，是指对于各种财产物资的增减变化，平时就要根据会计凭证逐日逐笔在账簿上予以连续登记，并随时结算出账面结存数额的一种方法。清查时，首先以账簿记录为依据，确认实物资产的盘盈或盘亏，再以实物资产的实存数额为准，调整账面记录，使账实相符。

采用永续盘存制，需要逐笔登记明细账，登记账簿的工作量较大。但是由于账簿记录与实物资产的收发同步，可以及时反映和掌握各种实物资产的收、发和结存的数量和金额，有利于加强对资产的控制和管理。因此，除了一些特殊的实物资产外，一般都应该采用这种核算方法。

（2）实地盘存制。实地盘存制又称以存计销制，是指对于各实物资产的增减变化，平时在账簿上只根据会计凭证逐笔登记其增加数，而不登记其减少数，期末通过实地盘点确定财产物资的结存数后，按照"期初结存金额＋本期账面增加金额－期末资产结存金额＝本期资产减少金额"倒挤出本期减少数，并登记入账的一种方法。

采用实地盘存制，核算工作较简便，登记账簿的工作量较少。但是由于账簿记录与实物资产的收发不完全同步，手续不够严密，本期减少金额是利用倒挤的，容易将诸如浪费、被盗等视同为本期正常的耗费入账。同时，也不能随时了解实物资产的收、发和结存的数量和金额，不便于管理。因此，只有一些特殊的实物资产采用这种核算方法。

2. 实物资产清查的具体方法和过程

实物资产包括存货、固定资产及在建工程，品种型号规格多，数量多，占用的资金多，是企业日常管理的重点，同样也是清查的重点。

（1）实物资产清查的具体方法包括以下三种：

①实地盘点法，是指通过逐一点数或者用计量器具来确定实物资产实有数量的方法。该方法适用范围较广且易于操作，大部分实物资产均可采用。

②技术推算法，是指通过技术推算（如量方、计尺等）来确定实物资产实有数量的方法。该方法适用于笨重或大堆，难以逐一点数或量尺、过磅的实物资产，如露天堆放的煤炭、矿石等。

③抽样盘点法，是指通过抽查来确定实物资产实有数量的方法。该方法适用于包装完整的大件实物资产和价值小、不便于逐一点数的实物资产。

从本质上讲，技术推算法、抽样盘点法均是实地盘点法的补充，有利于根据实物资产的不同特点更好地完成清查工作。

（2）实物资产清查的过程中要注意以下事项：

①盘点时，实物资产保管人员应与清查人员一起参与盘点，以明确经

济责任。

②盘点时，有关人员要认真核实，根据盘点的记录如实填制盘存表，其格式如表1-1-3所示，并由清查人员和保管人员共同签名盖章，作为盘点日实物资产实有数量的原始依据。

表1-1-3　　　　　　　　　　　　盘存表

单位名称：　　　　　　　　　盘点时间：

财产类别：　　　　　　　　　存放地点：　　　　　　　　编号：

编号	名称	计量单位	数量	单价	金额	备注

盘点人员（签章）　　　　　　　　　　　　　　　保管人员（签章）

③盘点结束，根据盘存表和会计账簿记录，填制用来反映实物资产具体盈亏数额并作为调整账簿记录的原始凭证——实存账存对比表，其格式如表1-1-4所示。

表1-1-4　　　　　　　　　实存账存对比表

单位名称：　　　　　　　　　年　月　日

编号	名称	计量单位	单价	实存		账存		差异				备注
				数量	金额	数量	金额	盘盈		盘亏		
								数量	金额	数量	金额	

填表人（签章）

④根据实存账存对比表，分析查明账实不符的性质和原因，提出处理意见，按规定程序报请有关部门领导予以审批处理。

⑤针对实物资产清查中发现的问题，提出改进措施。

第三节　资产清查结果的处理

资产清查结束，一般均会出现账实不符的情况，即盘盈或盘亏。盘盈是指实存数大于账存数，盘亏是指实存数小于账存数。也还有可能是实存数等于账存数，但实存的资产破损、霉烂、变质，失去了原有的使用价值。清查中发现这些问题，必须分析原因及时进行处理。

一、资产清查结果的处理步骤

第一步，审批前，调整账面记录，使账实相符，等待处理。根据盈亏，增加或减少实物资产账户，同时办理报批手续，增加待处理账户。

第二步，审批后，调整收入、费用及索赔，核销待处理。根据账实不符的原因和审批意见，增加收入、增减费用或增加索赔资产账户，同时核销待处理账户。

二、"待处理财产损溢"账户的设置

由于资产清查结果的账务处理需分成两步，报批前已经调整了账簿记录，报批后才能针对盈亏原因作出相应的处理，因此，必须有一个过渡性的账户解决报批前后的相关记录。"待处理财产损溢"就是为满足会计核算这一要求而设置的。该账户用来核算企业在资产清查过程中发生的各种财产物资的盘盈、盘亏或毁损及其处理情况。该账户结构如图1－1－2所示。

待处理财产损溢

借方	贷方
发生额：	发生额：
1. 发生的待处理资产盘亏或毁损金额	1. 发生的待处理资产盘盈数
2. 批准转销的待处理财产盘盈数	2. 批准转销的待处理盘亏和毁损数
借方余额表示尚待批准处理的净损失	贷方余额表示尚待批准处理的净溢余

图1－1－2　待处理财产损溢账户

为具体反映盘盈、盘亏资产的性质，该账户下还应设置"待处理流动资产损溢"和"待处理固定资产损溢"两个明细账户，分别核算盘盈、盘亏的流动资产和固定资产。

根据资产的定义，按照《企业会计准则》的规定，对待处理财产损溢应及时报批处理，并在期末结账前处理完毕。如果在期末结账前尚未经批准的，应在对外提供的财务报告时先行处理，并在会计报表附注中做出说明。若与批准后的处理金额不一致，再按批准数调整，并调整会计报表相关项目的年初数。所以，该账户在期末没有余额。

三、资产清查结果的账务处理

1. 现金清查结果的账务处理

（1）首先根据库存现金盘点报告表，将确认盘盈或盘亏的现金金额编制记账凭证，登记入账，实现账实相符。其基本账务处理是：

现金溢余：

借：库存现金

　　贷：待处理财产损溢——待处理流动资产损溢

现金短缺：

借：待处理财产损溢——待处理流动资产损溢

　　贷：库存现金

【例1-1-1】现金清查结束后，发现短缺128元，编制如下会计分录：

借：待处理财产损溢——待处理流动资产损溢　　　　　　128

　　贷：库存现金　　　　　　　　　　　　　　　　　　　　128

（2）上级审批后，根据审批意见，编制记账凭证，对待处理财产损溢进行结转。按照《企业会计准则》的规定，结转应按下列要求进行：

① 现金溢余。

属于应支付给有关人员或单位的：

借：待处理财产损溢——待处理流动资产损溢

　　贷：其他应付款——应付现金溢余（××个人或单位）

属于无法查明原因的现金溢余，经审批后：

借：待处理财产损溢——待处理流动资产损溢

　　贷：营业外收入——现金溢余

② 现金短缺。属于应由责任人赔偿的部分，借记"其他应收款——应收现金短缺款（××个人）"或"库存现金"等账户，贷记"待处理财产损溢——待处理流动资产损溢"账户；属于应由保险公司赔偿的部分，借记"其他应收款——应收保险赔款"账户，贷记"待处理财产损溢——待处理流动资产损溢"账户；属于无法查明的其他原因，根据管理权限，经批准后处理，借记"管理费用——现金短缺"账户，贷记"待处理财产损溢——待处理流动资产损溢"账户。其基本账务处理是：

结转现金溢余：

借：待处理财产损溢——待处理流动资产损溢

　　贷：其他应付款——应付现金溢余（××个人或单位）

　　　　营业外收入——现金溢余

结转现金短缺：

借：其他应收款——应收现金短缺款（××个人）

　　　　　　　——应收保险赔款

　　管理费用——现金短缺

　　贷：待处理财产损溢——待处理流动资产损溢

【例 1－1－2】经查例 1－1－1 中 128 元现金短缺其中 50 元应由出纳员承担责任，另 78 元无法查明原因。经审批后结转，编制如下会计分录：

借：其他应收款——应收现金短缺款（××个人）　　　　50

　　管理费用——现金短缺　　　　　　　　　　　　　　78

　　贷：待处理财产损溢——待处理流动资产损溢　　　　　128

另需注意的是，按照《小企业会计准则》的规定，现金短缺属于无法查明的其他原因，根据管理权限，经批准后处理，记入"营业外支出"账户。

2. 应收款项清查结果的账务处理

商业信用的产生和发展，为企业间的商品交易提供了广阔的空间，但由于企业外部环境的变化，不可避免地为应收款项的收回带来了风险，可能产生无法收回的应收款项。在资产清查中，对于企业确认无法收回的应收款项，批准前不作账务处理，不通过"待处理财产损溢"账户进行核算，在上报有关部门批准列为坏账损失后按规定的方法进行会计处理，予以核销。

（1）坏账损失的确认。坏账损失的确认是会计人员依据已经存在的证据和有关规定，对确实无法收回的应收款项所作的判断或者鉴别。《企业会计准则》没有专门规定坏账损失的确认条件，《小企业会计准则》按照与税法趋同原则，规定了与税法表述相一致的坏账损失的确认条件。

《小企业会计准则》第十条规定：小企业应收及预付款项符合下列条件之一的，减除可收回的金额后确认的无法收回的应收及预付款项，作为坏账损失：

（一）债务人依法宣告破产、关闭、解散、被撤销，或者被依法注销、吊销营业执照，其清算财产不足清偿的。

（二）债务人死亡，或者依法被宣告失踪、死亡，其财产或者遗产不足清偿的。

（三）债务人逾期3年以上未清偿，且有确凿证据证明已无力清偿债务的。

（四）与债务人达成债务重组协议或法院批准破产重整计划后，无法追偿的。

（五）因自然灾害、战争等不可抗力导致无法收回的。

（六）国务院财政、税务主管部门规定的其他条件。

（2）坏账的核算方法。会计上有两种坏账处理的方法，即直接转销法和备抵法。

① 直接转销法，是指在某项应收款项被确认无法收回时，将其实际损失直接计入当期损益，并相应转销该应收款项的会计处理方法。《小企业会计准则》第十条规定：应收及预付款项的坏账损失应当于实际发生时计入营业外支出，同时冲减应收及预付款项。也就是说，按照《小企业会计准则》的规定，小企业对于应收及预付款项发生的坏账损失是按照直接转销法来进行会计处理的。坏账损失不能预计，也不需计提坏账准备，只能是在实际发生坏账时，按照减除可收回的金额后确认的无法收回的应收及预付款项，作为坏账损失，记入"营业外支出"账户，同时冲减应收及预付款项。其基本账务处理是：

借：银行存款（按照实际收回的金额）

　　营业外支出（差额）

　　贷：应收账款、其他应收款、预付账款等（按照其账面余额）

【例1-1-3】青青公司2013年末对甲公司应收账款100 000元，由于甲公司依法宣告破产只收回60 000元，款项已经存入银行，有证据表明实际发生坏账损失40 000元。编制如下会计分录：

借：银行存款　　　　　　　　　　　　　　　　　60 000

　　营业外支出　　　　　　　　　　　　　　　　　40 000

　　贷：应收账款——甲公司　　　　　　　　　　　100 000

直接转销法的优点是会计处理简单，但在直接转销法下，企业要等到信用部门确定客户的应收款项不可收回时，才对坏账进行会计处理，计入当期损益。这样，收入和与之相关的坏账损失不是在同一期间确认，将会导致各期收支不配比，从而无法如实反映各期的经营情况。

② 备抵法，是指在各会计期末估计坏账损失并计入当期资产减值损失，形成坏账准备，当某一应收款项全部或部分被确认为坏账损失时，将其金额冲减已计提的坏账准备及相应应收款项的一种会计处理方法。《企业会计准则第8号——资产减值》第十五条规定：可收回金额的计量结果表明，资产的可收回金额低于其账面价值的，应当将资产的账面价值减记

至可收回金额，减记的金额确认为资产减值损失，计入当期损益，同时计提相应的资产减值准备。其基本账务处理是：

期末计提坏账准备时：

借：资产减值损失——坏账损失

　　贷：坏账准备

转销已确认为坏账的应收款项时：

借：坏账准备

　　贷：应收账款、其他应收款、预付账款等

【例1—1—4】承例1—1—3资料，按备抵法编制如下会计分录：

借：银行存款　　　　　　　　　　　　　　　　60 000

　　坏账准备　　　　　　　　　　　　　　　　40 000

　　　贷：应收账款——甲公司　　　　　　　　　　100 000

在备抵法下，企业当期确认的减值损失反映在其利润表中，而计提的资产减值准备作为相关资产的备抵项目，反映于资产负债表中，既体现了配比原则，也夯实了企业资产价值，避免了利润虚增，如实反映了企业的财务状况和经营成果。

3. 存货清查结果的账务处理

（1）首先根据实存账存对比表，将确认盘盈、盘亏和毁损的存货金额编制记账凭证，登记入账，实现账实相符。其基本账务处理是：

盘盈：

借：原材料（或生产成本、库存商品等）

　　贷：待处理财产损溢——待处理流动资产损溢

盘亏或毁损：

借：待处理财产损溢——待处理流动资产损溢

　　贷：原材料（或生产成本、库存商品等）

　　　　应交税费——应交增值税（进项税额转出）

【例1—1—5】青青公司2013年年末在资产清查中盘盈A产品8 000

元；毁损甲材料 1 000 元，其进项税额为 170 元；盘亏乙材料 5 000 元，进项税额 850 元。编制如下会计分录：

盘盈 A 产品：

借：库存商品——A 产品   8 000

    贷：待处理财产损溢——待处理流动资产损溢   8 000

盘亏甲材料：

借：待处理财产损溢——待处理流动资产损溢   7 020

    贷：原材料——甲材料   1 000

           ——乙材料   5 000

        应交税费——应交增值税（进项税额转出）   1 020

（2）上级审批后，根据审批意见，编制记账凭证，对待处理财产损溢进行结转。按照《企业会计准则》的规定，结转应按下列要求进行：

① 盘盈。存货盘盈不论什么原因，一律转入管理费用账户的贷方。

② 盘亏或毁损。存货发生的盘亏或毁损，应根据造成存货盘亏或毁损的原因，分别以下情况进行处理：属于计量收发差错和管理不善等原因造成的存货短缺，估计的残料价值，借记"原材料"账户，可以收回的保险赔偿和过失责任人赔偿的部分，借记"其他应收款——应收赔偿款（××个人）或应收保险赔款"，扣除上述款项后的净损失，借记"管理费用"；属于自然灾害等非常原因造成的存货毁损，估计的残料价值，借记"原材料"账户，可以收回的保险赔偿和过失责任人赔偿的部分，借记"其他应收款"，扣除上述款项后的净损失，借记"营业外支出"。其基本账务处理是：

结转盘盈：

借：待处理财产损溢——待处理流动资产损溢

    贷：管理费用

结转盘亏或毁损：

借：原材料（残料价值）

其他应收款（过失责任人赔偿部分）

其他应收款（保险公司赔款部分）

管理费用（计量收发差错和管理不善损失）

营业外支出（自然灾害等非常原因损失）

贷：待处理财产损溢——待处理流动资产损溢

【例1—1—6】经查例1—1—5中盘盈的A产品8 000元是因为计量不准造成的；盘亏的甲材料1 000元，是因为保管不善造成的，由过失责任人赔偿10％，同时估计残料价值200元；盘亏的乙材料5 000元，是因为自然灾害造成的。经审批后结转，编制如下会计分录：

借：原材料   200

其他应收款——过失责任人   117

管理费用（计量收发差错和管理不善损失）   853

营业外支出（自然灾害等非常原因损失）   5 850

贷：待处理财产损溢——待处理流动资产损溢   7 020

另需注意的是，按照《小企业会计准则》的规定，存货发生毁损、处置收入、可收回的责任人赔偿和保险赔款，扣除其成本、相关税费后的净额，应当计入营业外支出或营业外收入。盘盈存货实现的收益应当计入营业外收入。盘亏存货发生的损失应当计入营业外支出。

4. **固定资产清查结果的账务处理**

固定资产是一种单位价值较高、使用期限较长的有形资产，因此，对于管理规范的企业而言，盘盈、盘亏的固定资产是较为少见的，也是不正常的。企业应当健全制度，加强管理，定期或者至少于每年年末对固定资产进行清查盘点，以保证固定资产核算的真实性和完整性。如果清查中发现固定资产的损溢应及时查明原因，在期末结账前处理完毕。

企业在资产清查中盘盈的固定资产，作为前期差错处理。盘盈的固定资产通过"以前年度损益调整"账户核算。

企业在资产清查中盘亏或毁损的固定资产，通过"待处理财产损溢——待处理固定资产损溢"账户核算，盘亏造成的损失，通过"营业外支出——盘亏损失"账户核算，应当计入当期损益。

（1）首先根据实存账存对比表，将确认盘盈、盘亏和毁损的固定资产金额编制记账凭证，登记入账，实现账实相符。其基本账务处理是：

盘盈：

借：固定资产

　　贷：累计折旧

　　　　以前年度损益调整

盘亏或毁损：

借：待处理财产损溢——待处理固定资产损溢

　　累计折旧

　　固定资产减值准备

　　贷：固定资产

【例1—1—7】青青公司2013年年末在资产清查中盘盈电脑一台，估计原价5 000元，估计已提折旧2 000元；盘亏冷冻设备一台，原价20 000元，已提折旧8 000元，并已计提固定资产减值准备3 000元。青青公司的企业所得税税率为25％。编制如下会计分录：

盘盈电脑：

借：固定资产　　　　　　　　　　　　　　　　　　5 000

　　贷：累计折旧　　　　　　　　　　　　　　　　　2 000

　　　　以前年度损益调整　　　　　　　　　　　　　3 000

同时，

借：以前年度损益调整　　　　　　　　　　　　　　　750

　　贷：应交税费——应交所得税　　　　　　（3 000×25％）750

借：以前年度损益调整　　　　　　　　　　　　　　　225

　　贷：盈余公积——法定盈余公积　　　　　（2250×10％）225

借：以前年度损益调整 2 025

　　贷：利润分配——未分配利润 2 025

盘亏冷冻设备：

借：待处理财产损溢——待处理固定资产损溢 9 000

　　累计折旧 8 000

　　固定资产减值准备 3 000

　　贷：固定资产 20 000

（2）上级审批后，根据审批意见，编制记账凭证，对待处理财产损溢进行结转。按照《企业会计准则》的规定，固定资产发生的盘亏或毁损，如果有残料，将其按估计的价值，借记"原材料"账户，可以收回的保险赔偿和过失责任人赔偿的部分，借记"其他应收款"，扣除残料价值和保险赔偿和过失责任人赔偿款项后的净损失，借记"营业外支出"。其基本账务处理是：

借：原材料（残料价值）

　　其他应收款（过失责任人赔偿部分）

　　其他应收款（保险公司赔款部分）

　　营业外支出（净损失）

　　贷：待处理财产损溢——待处理流动资产损溢

【例1－1－8】经查例1－1－7中盘亏的冷冻设备是因为保管不善造成的，由过失责任人赔偿50%。经审批后结转，编制如下会计分录：

借：其他应收款——过失责任人 4 500

　　营业外支出（自然灾害等非常原因损失） 4 500

　　贷：待处理财产损溢——待处理固定资产损溢 9 000

另需注意的是，按照《小企业会计准则》的规定，盘盈固定资产通过"待处理财产损溢——待处理固定资产损溢"账户核算，盘盈净收益应当计入营业外收入。盘亏固定资产发生的损失应当计入营业外支出。

第二章 债务核实要点

第一节 流动负债核实

流动负债一般是指预计在 1 年内或者超过 1 年的一个营业周期内清偿的债务。主要包括：短期借款、应付及预收账款、应付职工薪酬、应交税费、应付利息、应付利润、递延收益、其他应付款等。

一、短期借款的核实

（1）短期借款核实的方法是与银行或其他金融机构核对账目。

（2）在一般情况下，银行或其他金融机构会主动通过电函、信函或面询等方式与借款人核对，并要求借款人将核对结果在对账单上注明，加盖公章后退回，借款人如果发现双方账目不符，必须在对账单上注明。

【例 1－2－1】青青公司 2013 年 7 月 8 日向银行借入一笔短期借款，共计 12 000 000 元，期限为 12 个月，年利率为 6％，根据与银行签署的借款协议，该项借款的本金到期后一次归还，利息按月支付。次年初，青青公司收到银行寄来的对账单，见表 1－2－1，并按要求予以核对。

表 1－2－1　　　　　　　　××银行对账单（客户联）

单位名称：青青公司　　　　　　　　　　　对账截止日期：2013 年 12 月 31 日

账号		币种	金额（元）
××××××××××××××××××	＊本金	人民币	12 000 000
××××××××××××××××××	＊应收利息	人民币	0
××××××××××××××××××	＊催收利息	人民币	0

请核对上列金额。

请　沿　虚　线　撕　下　妥　善　保　存

××银行对账单（回执联）

1. 信息证明无误	1. 信息不符（请列明不符的详细情况）
经办人：	经办人：
（单位盖章） 年　月　日	（单位盖章） 年　月　日

青青公司如果核对无误，那么经办人在对账单（回执联）上签名并加盖公章退回银行；如果核对不符，那么经办人要在对账单（回执联）上列明不符的详细情况，然后签名并加盖公章退回银行。

（3）在银行或其他金融机构没有要求对账的情况下，作为债务人也有必要予以核实。企业可以检查借款合同，核实期末未偿还的借款数额以及借款条件、借款日期、还款期限、借款利率等是否有误。

（4）在核实短期借款数额的同时，企业应复核短期借款的利息计算是否正确，有无多算或少算利息的情况，如有未计利息或多计利息，要做好记录进行调整。

【例1－2－2】承上例，青青公司在2013年12月31日经检查发现，该笔短期借款的利息已计算至2013年12月21日。按照权责发生制原则，12月22日至31日的利息应予预提，编制如下会计分录：

借：财务费用　　　　（12 000 000×6%÷360×10）20 000

　　贷：应付利息　　　　　　　　　　　　　　　　20 000

（5）如有外币短期借款，要核实是否已按期末市场汇率将外币短期借款余额折合为记账本位币；折算差额是否按规定进行会计处理；折算方法是否前后一致。

二、应付账款的核实

应付账款是指企业在正常经营过程中，因购买材料、商品和接受劳务供应等经营活动而应付给供应单位的款项。实质上是买卖双方在购销活动中由于取得物资与支付货款在时间上的不一致而产生的负债。应付账款的入账依据是发票账单。从理论上说，应付账款入账时间应以与所购物资所有权有关的风险和报酬已经转移或劳务已经接受为标志，但在实际工作中，应区别情况处理：

（1）在货物和发票账单同时到达的情况下，应付账款一般待货物验收入库后，才按发票账单登记入账。

【例1—2—3】2013年10月25日青青公司从A企业购入甲材料2 000千克，不含税买价100 000元，增值税专用发票上的增值税额为17 000元。甲材料已到达并验收入库，但货款尚未支付。假设青青公司采用实际成本法核算。青青公司应作如下会计分录：

借：原材料——甲材料　　　　　　　　　　　　　　100 000
　　应交税费——应交增值税（进项税额）　　　　　　17 000
　　贷：应付账款——A企业　　　　　　　　　　　　　117 000

（2）在货物和发票账单不是同时到达的情况下，若货物先到发票账单后到，暂时不做账务处理，待收到发票账单时再入账；如果在月度终了仍未收到已入库货物的发票账单，则应在月末按暂估价入账，作为一项负债反映；若发票账单先到货物后到，可依据发票账单登记应付账款，同时记录一项在途物资。

【例1—2—4】承上例，假设购入的甲材料已经运到并验收入库，但发票尚未到达、货款尚未支付，则2013年10月31日应按暂估价入账，其暂估价为98 000元，青青公司应作如下会计分录：

借：原材料——甲材料　　　　　　　　　　　　　　98 000
　　贷：应付账款——暂估应付账款　　　　　　　　　98 000

11月1日再作相反的会计分录予以冲回：

借：应付账款——暂估应付账款　　　　　　　　　　98 000
　　贷：原材料——甲材料　　　　　　　　　　　　　98 000

（3）检查长期挂账的应付账款，是否可能无须支付。

（4）检查是否存在未入账的应付账款，关注期末是否存在有材料入库但未收到采购发票的经济业务。如果存在有材料入库但未收到采购发票的情况，那么必须按照暂估价予以入账。

（5）检查带有现金折扣的应付账款是否按发票上记载的全部应付金额入账，在实际获得现金折扣时再冲减财务费用。

（6）检查是否存在在应付账款、预付账款及其他应付款等账户同时挂账的项目，或有无属于其他应付款的款项，如有，分析是否要作出调整。

（7）以非记账本位币结算的应付账款，检查是否已经采用期末汇率进行折算。

三、预收账款的核实

预收账款是指买卖双方协议商定，由购货方预先支付一部分货款给供应方而发生的一项负债。

（1）根据有关销售合同或协议、仓库发货记录、货运单据和收款凭证，检查已经实现销售的商品是否已经全部转销预收账款，特别要注意账龄超过一年的预收账款。

（2）检查是否存在在应收、预收两个科目挂账的项目，如有，分析是否要作出调整。

（3）对预收账款中按税法规定应预缴税费的预收销售款，结合应缴税费项目，检查是否及时、足额缴纳有关税费。

四、应付职工薪酬的核实

职工薪酬是企业为获得职工提供的服务而给予各种形式的报酬及其他相关支出，其主要核算方式有计时制和计件制两种。职工薪酬可能采用现金的形式支付，因而相对于其他业务更容易发生错误或舞弊行为，如虚报冒领、重复支付和贪污等。同时，在一般企业中，职工薪酬费用在成本费用中所占比重较大。如果职工薪酬计算错误，就会影响到成本费用和利润的正确性。所以，企业应重视应付职工薪酬的核实。

（1）检查各月工资费用的发生额是否有异常波动，若有，则查明波动原因，注意分析是否合理。

（2）检查核算内容是否包括职工工资、职工福利、社会保险费、住房公积金、工会经费、职工教育经费、非货币性福利、因解除与职工的劳动关系给予的补偿、股份支付等明细项目。

（3）检查职工薪酬的计提是否正确，依据是否充分，将执行的计提标准与有关规定核对，并对应付职工薪酬计提数与相关科目进行勾稽；如果实行工效挂钩的，还应根据有关主管部门确认的效益工资发放额认定证明，结合有关合同文件和实际完成的指标，检查其计提额是否正确，是否应作纳税调整。

①对于国务院有关部门、省、自治区、直辖市人民政府或经批准的企业年金计划规定了计提基础和计提比例的职工薪酬项目，如医疗保险费、养老保险费、失业保险费、工伤保险费、生育保险费和住房公积金以及工会经费、职工教育经费等，企业应当按照规定的计提标准，计量企业承担的职工薪酬义务和应计入成本费用的职工薪酬。

②对于国家相关法律法规没有明确规定了计提基础和计提比例的职工薪酬项目，企业应当根据历史经验数据和自身实际情况，计算确定应付职工薪酬金额和应计入成本费用的职工薪酬。

（4）检查分配方法是否合理，除因解除与职工的劳动关系给予的补偿直接计入管理费用外，被审计单位是否根据职工提供服务的受益对象，分别下列情况进行处理：

①应由生产产品、提供劳务负担的职工薪酬，计入产品成本或劳务成本；

②应由在建工程、无形资产负担的职工薪酬，计入建造固定资产或无形资产成本；

③作为外商投资企业，按规定从净利润中提取的职工奖励及福利基金，是否相应记入"利润分配——提取的职工奖励及福利基金"科目；

④其他职工薪酬，计入当期损益。

（5）检查以企业自产产品和外购商品作为非货币性福利发放给职工的，是否根据受益对象，将该产品或商品的公允价值，计入相关的资产成本或当期收益，同时确认了应付职工薪酬。

（6）检查以企业拥有的房屋等资产无偿提供给职工使用的，是否根据受益对象，将该房屋每期应计提的折旧，计入相关的资产成本或当期收益，同时确认了应付职工薪酬。

（7）检查以企业租赁房屋等资产无偿提供给职工使用的，是否根据受益对象，将每期应付的租金，计入相关的资产成本或当期收益，同时确认了应付职工薪酬。

五、应交税费的核实

企业在一定时期内取得的营业收入和实现的利润，要按规定向国家缴纳相应的税费。企业的纳税义务，随经营活动的进行而产生，但企业向税务机关缴纳税款则定期集中结算。由于纳税义务的产生时间与缴纳税款的实际结算时间不一致，一定时期内企业应交未交的各项税费，就形成了企业的一项负债。

应交税费核算企业按照税法规定计算应交纳的各种税费，包括增值税、消费税、营业税、所得税、资源税、土地增值税、城市维护建设税、房产税、土地使用税、车船税、教育费附加、矿产资源补偿费等。企业不需要预计应交税费所交纳的税金，如印花税、耕地占用税等，不在本科目核算。本科目应当按照应交税费的税种进行明细核算。

1. 检查增值税

（1）为了正确核算增值税的应纳税额，提供准确的税务资料，小规模纳税人要在"应交税费"账户下设置"应交增值税"明细账户进行核算；一般纳税人采用抵扣法，需同时设置"应交增值税"、"未交增值税"两个明细账户。"应交增值税"明细账户格式如表1-2-2所示，下设"进项税额"、"已交税金"、"销项税额"、"出口退税"、"进项税额转出"等专栏进行明细核算，期末余额在借方，表示尚未抵扣的进项税额。

表 1-2-2　　　　　　　应交增值税明细账

年				摘要	借方						贷方					借或贷	余额
月	日	种类	编号		合计	进项税额	已交税金	减免税款	出口抵减内销产品应纳税额	转出未交增值税	合计	销项税额	出口退税	进项税额转出	转出多交增值税		

"未交增值税"明细账户核算期末从"应交增值税"明细账户结转的本期未交或多交的增值税，期末余额可能在借方，也可能在贷方。其结构如图1-2-1所示：

未交增值税

借方	贷方
发生额：	发生额：
（1）上交上月应交未交的增值税额	（1）月终转入的当月应交未交的增值
（2）月终转入的当月多交增值税额	税额
借方余额表示多交的增值税额	贷方余额表示未交的增值税额

图1-2-1　未交增值税账户

（2）注意视同销售行为计税依据的确定是否正确：将自产、委托加工的货物用于非应税项目、集体福利或个人消费等视同销售情况下，税基计算是否正确；将自产、委托加工或购买的货物作为投资、捐赠时，是否分别按货物的合同价、不含税捐赠价计算；将自产、委托加工或购买的货物分配给股东或投资者及其他情况下，是否按不含税销售额计算。

【例1-2-5】青青公司2013年5月1日将自产的产品100台提供给本企业职工作为公司周年庆的礼物，该产品每台成本500元，市场同类产品售价为800元，青青公司的增值税税率为17%。编制会计分录如下：

借：应付职工薪酬——福利费　　　　　　　　　　　　93 600

　　贷：主营业务收入　　　　　　　　　　（100×800）80 000

　　　　应交税费——应交增值税（销项税额）　　　　13 600

借：主营业务成本　　　　　　　　　　　　　　　　　50 000

　　贷：库存商品　　　　　　　　　　　　　　　　　　50 000

【例1-2-6】青青公司2013年5月1日将购进的一批配件作为公司周年庆的实物奖励无偿赠送给北京、沈阳、哈尔滨等地的各个加盟店，该批配件的含税金额为117 000元，假设捐赠价按组成计税价格确定，其中组成计税价格＝成本×（1＋成本利润率）。青青公司的增值税税率为17%，成本利润率为10%。编制会计分录如下：

在购入该批配件时：

借：库存商品 100 000

　　应交税费——应交增值税（进项税额） 17 000

　　　贷：应付账款（或银行存款等） 117 000

在将配件对外赠送时：

应确认收入 $= 100\ 000 \times (1+10\%) = 110\ 000$（元）

应确认销项税额 $= 110\ 000 \times 17\% = 18\ 700$（元）

借：销售费用 128 700

　　　贷：主营业务收入 110 000

　　　　　应交税费——应交增值税（销项税额） 18 700

同时结转该配件的成本：

借：主营业务成本 100 000

　　　贷：库存商品 100 000

（3）一般纳税人将购进货物用于免税项目、非应税项目、集体福利和个人消费时，所发生的进项税额不能抵扣，要检查是否已随货物的价款一起转移，计入相关成本费用。

【例1-2-7】2013年10月31日青青公司在建工程领用上月购进的材料一批，该批材料的进价为100 000元，售价为120 000元，增值税税率为17%。编制会计分录如下：

借：在建工程 117 000

　　　贷：库存商品 100 000

　　　　　应交税费——应交增值税（进项税额转出） 17 000

（4）一般纳税人购进货物、加工的在产品和产成品等发生非正常损失，原发生的进项税额不能抵扣，是否已随货物的成本一起作为损失处理。

（5）月末，注意本月应交未交或多交的增值税，是否已从"应交增值税"明细账户有关栏内转至"未交增值税"明细账户，从而使"应交增值税"明细账户的期末借方余额反映尚未抵扣的进项税额。

2. 检查其他相关税费

（1）结合所得税费用项目，确定企业应纳税所得额和企业所得税税率，复核计算是否正确。

（2）结合营业税金及附加等项目，检查消费税、营业税、城市维护建设税、教育费附加等的计税依据是否正确，适用税率是否符合税法，并分别复核计算本期应交数和已交数。

第二节　非流动负债核实

一、长期借款的核实

长期借款是指企业向银行或其他金融机构借入的期限在一年以上（不含一年）的各项借款。长期借款同短期借款一样，都是企业向银行或其他金融机构借入的款项，因此长期借款与短期借款的核实相类似，但还需注意以下几点：

（1）企业借入各种长期借款时，应按公允价值进行初始计量。通常情况下，长期借款初始计量的公允价值是向银行或其他金融机构借入的款项金额。企业收到长期借款时，按实际收到的款项金额，借记"银行存款"账户，贷记"长期借款——本金"账户。但是，当取得借款与合同约定的数额不一致时，则应将差额记入"长期借款——利息调整"账户，也就是意味着实际利率与合同利率不一致，后续期间涉及利息调整的摊销。

（2）在期末，企业应按摊余成本和实际利率计算确定的长期借款的利息费用，借记"在建工程"、"制造费用"、"财务费用"、"研发支出"等账户，按合同利率计算确定的应付未付利息，贷记"应付利息"账户，按其差额，贷记"长期借款——利息调整"账户。实际利率与合同利率差异较小的，也可以采用合同利率计算确定利息费用。

（3）企业归还长期借款，按归还的长期借款本金借记"长期借款——本金"账户，贷记"银行存款"账户。同时，存在利息调整余额的，借记或贷记"在建工程"、"制造费用"、"财务费用"、"研发支出"等账户，贷记或借记"长期借款——利息调整"账户。

【例1-2-8】青青公司为建造一幢厂房，于2013年1月1日借入期限为2年的长期专门借款1 500 000元，款项已存入银行。借款利率按市场利率确定为9％，每年付息一次，期满后一次还清本金。2013年初，青青公司以银行存款支付工程价款共计900 000元，2014年初，又以银行存款支付工程费用600 000元，该厂房于2014年8月31日完工，达到预定可使用状态。假定不考虑闲置专门借款资金存款的利息收入或者投资收益。

青青公司有关账务处理如下：

①2013年1月1日，取得借款时：

借：银行存款　　　　　　　　　　　　　　　　　1 500 000

　　贷：长期借款——××银行——本金　　　　　　　1 500 000

②2013年初，支付工程款时：

借：在建工程——××厂房　　　　　　　　　　　900 000

　　贷：银行存款　　　　　　　　　　　　　　　　　900 000

③2013年12月31日，计算2013年应计入工程成本的利息费用时：

借款利息 ＝ 1 500 000 × 9％ ＝ 135 000（元）

借：在建工程——××厂房　　　　　　　　　　　135 000

　　贷：应付利息——××银行　　　　　　　　　　　135 000

④2013年12月31日，支付借款利息时：

借：应付利息——××银行　　　　　　　　　　　135 000

　　贷：银行存款　　　　　　　　　　　　　　　　　135 000

⑤2014年初，支付工程款时：

借：在建工程——××厂房　　　　　　　　　　　600 000

　　贷：银行存款　　　　　　　　　　　　　　　　　600 000

⑥2014年8月31日，工程达到预定可使用状态时：

该期应计入工程成本的利息＝（1 500 000×9％/12）×8＝90 000（元）

借：在建工程——××厂房　　　　　　　　　　　90 000

　　贷：应付利息——××银行　　　　　　　　　　　90 000

同时：

借：固定资产——××厂房　　　　　　　　　　　1 725 000

　　贷：在建工程——××厂房　　　　　　　　　　　1 725 000

⑦2014 年 12 月 31 日，计算 2014 年 9 月至 12 月的利息费用时：

应计入财务费用的利息 ＝（1 500 000×9%/12）×4 ＝ 45 000（元）

借：财务费用——××借款　　　　　　　　　45 000

　　贷：应付利息——××银行　　　　　　　　　　45 000

⑧2014 年 12 月 31 日，支付利息时：

借：应付利息——××银行　　　　　　　　　135 000

　　贷：银行存款　　　　　　　　　　　　　　　135 000

⑨2015 年 1 月 1 日，到期还本时：

借：长期借款——××银行——本金　　　　　1 500 000

　　贷：银行存款　　　　　　　　　　　　　　　1 500 000

（4）检查是否存在一年内到期的长期借款，如有，该项则应在资产负债表流动负债类下的"一年内到期的长期负债"项目单独反映。

二、应付债券的核实

应付债券是企业依照法定程序发行，约定在一定期限内还本付息的具有一定价值的证券。企业发行的超过一年期以上的债券，构成了企业的长期负债。企业发行的一般公司债券，无论是按面值发行，还是溢价发行或折价发行，均按债券面值记入"应付债券——面值"明细账户，实际收到的款项与面值的差额，记入"应付债券——利息调整"明细账户。企业发行债券时，按实际收到的款项，借记"银行存款"等账户，按债券票面价值，贷记"应付债券——面值"账户，按实际收到的款项与票面价值之间的差额，贷记或借记"应付债券——利息调整"账户。利息调整应在债券存续期间内采用实际利率法进行摊销。

由于发行债券是企业筹集资金的一种方式，所以为筹集发生的费用，就应计入"财务费用"。如果是为了某项特定事项而发行的专项债券，且建造时间在一年以上的，符合费用资本化条件的，则应计入工程成本或相关费用中。如企业为建造厂房建造期在一年以上，而发行的债券，记入"在建工程"账户；为生产产品的，记入"制造费用"等账户。

在期末，对于分期付息、一次还本的债券，企业应按应付债券的摊余成本和实际利率计算确定的债券利息费用，借记"在建工程"、"制造费用"、"财务费用"等账户，按票面利率计算确定的应付未付利息，贷记"应付利息"账户，按其差额，借记或贷记"应付债券——利息调整"账户。

【例1－2－9】青青公司2013年1月1日经批准发行公司债券面值1 000万元，期限5年，分期付息到期还本，票面利率为6%，假定债券发行时的市场利率为5%，5年期复利现值系数为0.7835，年金现值系数为4.3295。青青公司有关账务处理如下：

青青公司该批债券实际收到款项＝10 000 000×0.7835＋10 000 000×6%×4.3295＝10 432 700（元）

发行债券收到款项时：

借：银行存款　　　　　　　　　　　　　　　10 432 700

　　贷：应付债券——面值　　　　　　　　　　　10 000 000

　　　　　　　　——利息调整　　　　　　　　　　　432 700

从上面的会计分录可以看到，"应付债券"的入账价值由两部分组成，即"面值"部分和"利息调整"部分两个明细账户。而"利息调整"明细账户，正是在期末需要进行调整的部分，同时债券期限终了时，其余额应为0。

青青公司采用实际利率法和摊余成本计算确定的利息费用，如表1－2－3所示。

表1－2－3　　　　　　　　　利息费用一览表　　　　　　　单位：元

付息日前	支付利息	利息费用	摊销的利息调整	应付债券摊余成本
2013 年 1 月 1 日				10 432 700.00
2013 年 12 月 31 日	600 000	521 635.00	78 365.00	10 354 335.00
2014 年 12 月 31 日	600 000	517 716.75	82 283.25	10 272 051.75
2015 年 12 月 31 日	600 000	513 602.59	86 397.41	10 185 654.34
2016 年 12 月 31 日	600 000	509 282.72	90 717.28	10 094 937.06
2017 年 12 月 31 日	600 000	505 062.94＊	94 937.06	10 000 000.00

注：＊尾数调整

具体的调整及处理如下：

由于青青公司应付给债权人的"应付利息"是以票面价值和票面利率计算的金额，即 $1\,000 \times 6\% = 60$（万元）。所以每期的"应付利息"的发生额都是 60 万元。而对于青青公司来说，2013 年实际发生的应计入当期损益的利息费用为 $1\,043.27 \times 5\% = 52.1635$（万元）。对青青公司来说，实际确认的利息费用比支付给债权人的利息费用要少 7.8365（60 — 52.1635）万元，这个就是"应付债券—利息调整"科目的发生额。具体的会计分录就是：

借：财务费用等	521 635	
应付债券——利息调整	78 365	
贷：应付利息		600 000

此时我们再来看应付债券的账面价值，原实际收到款项金额（也称摊余成本）为 $1\,043.27$ 万元，而 2013 年末对"利息调整"明细账户调减了 7.8365 万元，这时应付债券的账面价值就为 1 035.4335（1 043.27 — 7.8365）万元。这个金额就是下期期初的摊余成本，成为 2014 年计算实际利息费用的计算基础了。2014 年年末处理如下：

"应付利息"账户的发生额为 60 万元

计入当期损益的利息费用＝期初的摊余成本×实际利率＝$1\,035.4335 \times 5\% = 51.771675$（万元）

"应付债券——利息调整"账户的发生额＝$60 - 51.771675 = 8.228325$（万元）

下期初摊余成本＝上期摊余成本—本期利息调整＝$1\,035.4335 - 8.228325 = 1\,027.205175$（万元）

会计分录如下：

借：财务费用等	517 716.75	
应付债券——利息调整	82 283.25	
贷：应付利息		600 000

2015 年、2016 年确认利息费用的会计处理同 2013 年、2014 年。只是为了消除前期因四舍五入而形成的误差额，2017 年最后一期计算计入当期损益的利息费用要采用倒挤法。

2017 年"应付利息"账户的发生额为 60 万元，"应付债券——利息调整"账户的发生额 $=43.27-7.8365-8.228325-8.639741-9.071728=9.493706$（万元），计入当期损益的利息费用 $=60-9.493706=50.506294$（万元）。此时"利息调整"明细账户的余额也就被调整完了，摊余成本则为 1 000 万元和应付债券的面值相等了。

2017 年 12 月 31 日青青公司归还债券本金及最后一期利息费用时，会计分录如下：

借：财务费用等　　　　　　　　　　505 062.94

　　应付债券——面值　　　　　　10 000 000

　　　　——利息调整　　　　　　　94 937.06

　贷：银行存款　　　　　　　　　　　　10 600 000

对于应付债券的折价发行，其内在的实质与溢价发行同理，依照上述方法进行处理即可。

在期末，对于一次还本付息的债券，企业应按摊余成本和实际利率计算确定的债券利息费用，借记"在建工程"、"制造费用"、"财务费用"等账户，按票面利率计算确定的应付未付利息，贷记"应付债券——应计利息"账户，按其差额，借记或贷记"应付债券——利息调整"账户。

除了检查应计利息、债券溢（折）价摊销及其会计处理是否正确外，同样还要检查是否存在一年内到期的应付债券，如有，该项则应在资产负债表流动负债类下的"一年内到期的长期负债"项目单独反映。

三、预计负债的核实

1. 或有事项的概念及特征

企业在经营活动中有时会面临诉讼、仲裁、债务担保、产品质量保证、重组等具有较大不确定性的经济事项。这些不确定事项对企业的财务状况和经营成果可能会产生较大的影响。根据或有事项准则的规定，或有事项是指过去的交易或者事项形成的，其结果须由某些未来事项的发生或不发生才能决定的不确定事项。常见的或有事项主要包括：未决诉讼或未决仲裁、债务担保、产品质量保证（含产品安全保证）、亏损合同、重组义务、环境污染整治、承诺等。

或有事项具有以下特征：

（1）或有事项是由过去的交易或者事项形成的。或有事项作为一种不确定事项，是由企业过去的交易或者事项引起的。例如，未决诉讼虽然是正在进行中的诉讼，但该诉讼是企业因过去的经济行为导致起诉其他单位或被其他单位起诉，这是现存的一种状况。

（2）或有事项的结果具有不确定性。首先，或有事项的结果是否发生具有不确定性，例如提供债务担保，对担保企业而言，最终是否应履行连带责任，签订担保协议时是不确定的。再如有些未决诉讼，被告是否会败诉，在案件审理过程中有时是难以确定的，需要根据法院判决情况加以确定。其次，或有事项的结果即使预料会发生，但具体发生时间或金额也不确定。如某企业因生产经营形成的排污治理不力并对周围环境造成污染而被起诉，如无特殊情况，该企业很可能败诉。但是，在诉讼成立时，该企业因败诉将支出多少金额，或者何时将发生这些支出，都是难以确定的。

（3）或有事项的结果须由未来事项来决定。或有事项对企业是有利影响还是不利影响，或已知是有利影响或不利影响但影响多大，在或有事项发生时是难以确定的，只能由未来不确定事项的发生或不发生才能证实。例如，企业为其他单位提供债务担保，该担保事项最终是否会要求企业履行偿还债务的连带责任，一般只能看被担保方的未来经营情况和偿债能力。如果被担保方经营情况和财务状况良好且有较好的信用，那么企业将不需要履行该连带责任。只有在被担保方到期无力还款时，企业（担保方）才承担偿还债务的连带责任，而这些均非企业所能控制。

或有事项与不确定性联系在一起，但会计处理过程中存在的不确定性并不都形成或有事项准则所规范的或有事项，企业应当按照或有事项的定义和特征进行判断。例如，折旧的提取虽然涉及对固定资产净残值和使用寿命的估计，具有一定的不确定性，但固定资产原值是确定的，其价值最终会转移到成本或费用中也是确定的，因此折旧不是或有事项。

2. 或有事项形成或有负债和或有资产

或有事项的结果可能会产生预计负债、或有负债或者或有资产等，其中，预计负债属于负债的范畴，一般符合负债的确认条件而应予确认。随着某些未来事项的发生或者不发生，或有负债可能转化为企业的预计负债，或者消失；或有资产也有可能形成企业的资产或者消失。

（1）或有负债，是指过去的交易或者事项形成的潜在义务，其存在须通过未来不确定事项的发生或不发生予以证实；或过去的交易或者事项形成的现时义务，履行该义务不是很可能导致经济利益流出企业或该义务的金额不能可靠计量。

或有负债涉及两类义务：一类是潜在义务；另一类是现时义务。潜在义务是指结果取决于不确定未来事项的可能义务。也就是说，潜在义务最终是否转变为现时义务，由某些未来不确定事项的发生或不发生才能决定。或有负债作为一项潜在义务，其结果如何只能由未来不确定事项的发生或不发生来证实。现时义务是指企业在现行条件下已承担的义务。或有负债作为特殊的现时义务，其特殊之处在于：该现时义务的履行不是很可能导致经济利益流出企业，或者该现时义务的金额不能可靠地计量。其中，"不是很可能导致经济利益流出企业"，是指该现时义务导致经济利益流出企业的可能性不超过50%（含50%）。"金额不能可靠计量"是指，该现时义务导致经济利益流出企业的"金额"难以合理预计，现时义务履行的结果具有较大的不确定性。

（2）或有资产，是指过去的交易或者事项形成的潜在资产，其存在须通过未来不确定事项的发生或不发生予以证实。

或有资产作为一种潜在资产，其结果具有较大的不确定性，只有随着经济情况的变化，通过某些未来不确定事项的发生或不发生才能证实其是否会形成企业真正的资产。例如，甲企业向法院起诉乙企业侵犯了其专利权。法院尚未对该案件进行公开审理，甲企业是否胜诉尚难判断。对于甲企业而言，将来可能胜诉而获得的赔偿属于一项或有资产，但这项或有资产是否会转化为真正的资产，要由法院的判决结果确定。

（3）或有负债和或有资产不符合负债或资产的定义和确认条件，企业不应当确认为或有负债和或有资产，而应当按照或有事项准则的规定进行相应的披露。但是，影响或有负债和或有资产的多种因素处于不断变化之中，企业应当持续地对这些因素予以关注。随着时间推移和事态的进展，或有负债对应的潜在义务可能转化为现时义务，原本不是很可能导致经济利益流出的现时义务也可能被证实将很可能导致企业流出经济利益，并且现时义务的金额也能够可靠计量。在这种情况下，或有负债就转化为企业的预计负债，应当予以确认。或有资产也是一样，其对应的潜在资产最终是否能够流入企业会逐渐变得明确，如果某一时点企业基本确定能够收到这项潜在资产并且其金额能够可靠计量，则应当将其确认为企业的资产。

3. 预计负债的确认条件

与或有事项相关的义务同时满足下列条件的，应当确认为预计负债：

（1）该义务是企业承担的现时义务；

（2）履行该义务很可能导致经济利益流出企业；

（3）该义务的金额能够可靠地计量。

预计负债应当与应付账款、应计项目等其他负债严格区分。因为与预计负债相关的未来支出的时间或金额具有一定的不确定性。应付账款是为已收到或已提供的、并已开出发票或已与供应商达成正式协议的货物或劳务支付的负债；应计项目是为已收到或已提供的、但还未支付、未开出发票或未与供应商达成正式协议的货物或劳务支付的负债，尽管有时需要估计应计项目的金额或时间，但是其不确定性通常远小于预计负债。应计项目经常作为应付账款和其他应付账款的一部分进行列报，而预计负债则单独进行列报。

4. 预计负债的计量

预计负债的计量主要涉及两个问题：一是最佳估计数的确定；二是预期可获得补偿的处理。

（1）最佳估计数的确定。预计负债应当按照履行相关现时义务所需支出的最佳估计数进行初始计量。最佳估计数的确定应当分别以下两种情况处理：

①所需支出存在一个连续范围，且该范围内各种结果发生的可能性相同，则最佳估计数应当按照该范围内的中间值，即上、下限金额的平均数确定。

【例1－2－10】2013年11月8日，青青公司因合同违约而涉及一桩诉讼案。根据公司法律顾问判断，最终的判决很可能对公司不利。2013年12月31日，青青公司尚未接到法院的判决，因诉讼须承担的赔偿金额也无法准确地确定。不过，据专业人士估计，赔偿金额可能是60万元至80万元之间的某一金额，而且这个区间内每个金额的可能性都大致相同；另外要承担的诉讼费用为5万元。

青青公司应在2013年12月31日确认的预计负债＝（60＋80）÷2＋5＝75（万元）。

会计分录如下：

借：营业外支出——赔偿支出　　　　　　　　　　　　700 000

　　管理费用　　　　　　　　　　　　　　　　　　　 50 000

　　贷：预计负债　　　　　　　　　　　　　　　　　　　 750 000

②所需支出不存在一个连续范围，或者虽然存在一个连续范围但该范围内各种结果发生的可能性不相同。在这种情况下，最佳估计数按照如下方法确定：

第一，或有事项涉及单个项目的，按照最可能发生金额确定。涉及单个项目是指或有事项涉及的项目只有一个，如一项未决诉讼、一项未决仲裁或一项债务担保等。

【例1-2-11】承上例，2013年12月31日，青青公司尚未接到法院的判决，但公司估计胜诉的可能性是40％，败诉的可能性是60％，而一旦败诉，需要赔偿80万元。

本例中，青青公司因合同违约而承担了现时义务，该义务的履行很可能导致经济利益流出企业，且该义务的金额能够可靠地计量。根据或有事项准则的规定，青青公司应在2013年12月31日确认一项预计负债80万元（最可能发生金额），并在附注中作相关披露。会计分录如下：

借：营业外支出——赔偿支出   800 000

 贷：预计负债——未决诉讼   800 000

第二，或有事项涉及多个项目的，按照各种可能结果及相关概率计算确定。涉及多个项目是指或有事项涉及的项目不止一个，如在产品质量保证中，提出产品保修要求的可能有许多客户。相应地，企业对这些客户负有保修义务。

【例1-2-12】青青公司是生产并销售A产品的企业，2013年共销售A产品100 000件，销售收入为3 600万元。根据公司的产品质量保证条款，该产品售出后一年内，如发生正常质量问题，公司将负责免费维修。根据以前年度的维修记录，如果发生较小的质量问题，发生的维修费用为销售收入的1％；如果发生较大的质量问题，发生的维修费用为销售收入的2％。根据公司技术部门的预测，2013年销售的产品中，85％不会发生质量问题，10％可能发生较小质量问题，5％可能发生较大质量问题。

青青公司在2013年年末应确认的预计负债＝3 600×2％×5％＋3 600×1％×10％＋3 600×0％×85％＝3.6＋3.6＝7.2（万元）

会计分录如下：

借：销售费用   72 000

 贷：预计负债   72 000

（2）预期可获得的补偿。企业清偿预计负债所需支出全部或部分预期由第三方补偿的，补偿金额只有在基本确定能够收到时才能作为资产单独确认。确认的补偿金额不应当超过预计负债的账面价值。

企业预期从第三方获得的补偿，是一种潜在资产，其最终是否真的会转化为企业真正的资产具有较大的不确定性，企业只能在基本确定能够收到补偿时才能对其进行确认。同时，根据资产和负债不能随意抵销的原则，预期可获得的补偿在基本确定能够收到时应当确认为一项资产，而不能作为预计负债金额的扣减。

补偿金额的确认涉及两个问题：一是确认时间，补偿只有在"基本确定"能够收到时予以确认；二是确认金额，确认的金额是基本确定能够收到的金额，而且不能超过相关预计负债的账面价值。例如，青青公司在例1-2-11中确认了一项预计负债80万元，同时，因该或有事项，青青公司还可从供应商甲企业获得50万元的赔偿，且这项金额基本确定能收到。在这种情况下，青青公司应分别确认一项预计负债80万元和一项资产50万元。如果青青公司基本确定能从供应商甲企业获得90万元的赔偿，则应分别确认一项预计负债80万元和一项资产80万元。

5. 对预计负债账面价值的复核

企业应当在资产负债表日对预计负债的账面价值进行复核。有确凿证据表明该账面价值不能真实反映当前最佳估计数的，应当按照当前最佳估计数对该账面价值进行调整。

例如，某化工企业对环境造成了污染，按照当时的法律规定，只需要对污染进行清理。随着国家对环境保护越来越重视，按照现在的法律规定，该企业不但需要对污染进行清理，还很可能要对居民进行赔偿。这种法律要求的变化，会对企业预计负债的计量产生影响。企业应当在资产负债表日对为此确认的预计负债金额进行复核，如有确凿证据表明预计负债金额不再能反映真实情况时，需要按照当前情况下企业清理和赔偿支出的最佳估计数对预计负债的账面价值进行相应的调整。

企业对已经确认的预计负债在实际支出发生时，应当仅限于最初为之确定该预计负债的支出。也就是说，只有与该预计负债有关的支出才能冲减该预计负债，否则将会混淆不同预计负债确认事项的影响。

在对产品质量保证确认预计负债时，需要注意：

（1）如果发现产品质量保证费用的实际发生额与原先预计数相差较大，则应及时对预计比例进行调整；

（2）如果企业针对特定批次产品确认预计负债，则在保修期结束时，应将"预计负债——产品质量保证"余额冲销，同时冲减销售费用；

（3）已确认预计负债的产品，如企业不再生产了，应在相应的产品质量保证期满后，将"预计负债——产品质量保证"余额冲销，不留余额。

此外，诉讼赔偿是一项常见的或有事项，如果诉讼损失的实际发生额与原先预计数相差较大，应分别不同情况处理：

（1）在前期资产负债表日，企业根据相关证据已经合理预计预计负债，则应将差额直接计入当期的营业外支出；

（2）在前期资产负债表日，企业根据当初相关证据本应合理预计诉讼损失，但企业的估计数与当时的事实不符，则应将差额按照前期重大会计差错更正进行处理；

（3）在前期资产负债表日，企业根据当初相关证据无法合理预计诉讼损失，因而未确认预计负债，则在诉讼损失实际发生的当期，直接计入营业外支出；

（4）属于资产负债表日后事项的，则按照《企业会计准则第29号——资产负债表日后事项》的规定处理，即资产负债表日后诉讼案件结案，法院判决证实了企业在资产负债表日已经存在现时义务，需要调整原先确认的与该诉讼案件相关的预计负债，或确认一项新负债。

第 二 篇

年底对账结账、利润结转

第一章　对账结账实务指导

第一节　年底对账工作要点盘点

对账是指核对账目，通过检查和核对账簿和账户所记录的有关数据，做到账证相符、账账相符、账实相符，保证账簿记录的真实、完整和正确，加强对经济活动的核算与监督，为编制财务会计报告提供真实可靠的数据资料。

一、账证核对

期末要对账簿记录和会计凭证进行核对，以发现错误之处，并进行更正，这也是保证账账、账实相符的基础。主要方法如下：

（1）看总账与记账凭证汇总表是否相符。

（2）看记账凭证汇总表与记账凭证是否相符。

（3）看明细账以及现金和银行存款日记账与记账凭证及其所附的原始凭证是否相符。

账簿记录与记账凭证相核对，检查账簿登记工作的质量；账簿记录与原始凭证相核对，检查账簿所记录经济业务的合理性、合法性。由于原始凭证和记账凭证种类多、数量大，因此账证核对一般是在日常核算工作中进行的，通常是会计人员在编制记账凭证和登记账簿时进行核对。如果在月末发现账账不符时，为查明原因，也需要进行账证核对。核对方法如图2－1－1所示。

银行存款日记账

账号：
户名：

2013年		凭证		摘 要	支票		借 方	√	贷 方	√	借或贷	余 额	√
月	日	种类	号数		种类	号数	亿千百十万千百十元角分		亿千百十万千百十元角分			亿千百十万千百十元角分	
1	1			上年结转							借	2 8 0 0 0 0 0 0	
	1	银付	1	提现	支票	2101			1 0 0 0 0 0 0 0		借	1 8 0 0 0 0 0 0	
	1	银收	1	销售收入	支票	3202	5 0 0 0 0 0 0 0				借	6 8 0 0 0 0 0 0	
	1	银收	2	收回前欠货款	委收	5805	8 0 0 0 0 0 0				借	7 6 0 0 0 0 0 0	
				过次页									

付 款 凭 证

银付 字第 1 号

贷方科目　银行存款

2X13 年 1 月 1 日　　　　附件　1　张

摘要	借方科目		金 额	
	总账科目	明细科目	亿 千 百 十 万 千 百 十 元 角 分	√
提取现金	库存现金		1 0 0 0 0 0 0 0	√
合计			1 0 0 0 0 0 0 0	

会计主管　张波　　　记账　宋璐　　　　　复核　刘梅　　　制单　王雪峰

图 2-1-1　账证核对示意图

二、账账核对

期末要对各种账簿之间的数据进行核对，主要包括本企业各种账簿之间的有关数据，本企业同其他单位的往来账项。主要方法如下：

1. 看总账资产类各账户与负债、所有者权益类各账户的余额合计数是否相符

（1）总账资产类账户余额合计数＝总账负债、所有者权益类账户余额合计数。

（2）总账各账户借方发生额（或贷方发生额）合计数＝总账各账户贷方发生额（或借方发生额）合计数。

2. 看总账各账户与所辖明细账各账户之和是否相符

（1）总账各账户与其所属的各个明细账各账户之间本期发生额的合计数应相等。

（2）总账各账户与其所属的各个明细账各账户之间的期初、期末余额合计数应相等。

具体如图 2－1－2 所示。

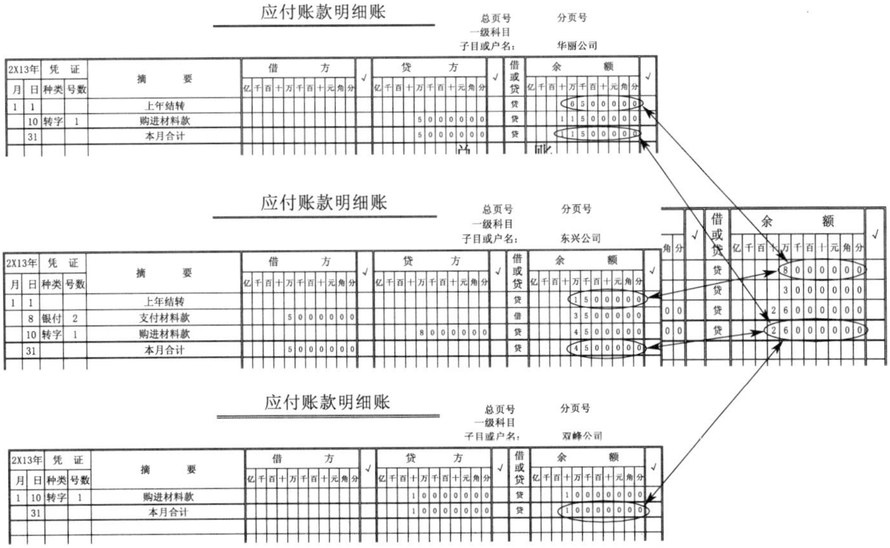

图 2－1－2　账账核对示意图

注：表中粗线为红线。

3. 看会计部门的总账、明细账与有关职能部门的账、卡之间是否相符

（1）会计部门的各种财产物资明细账的余额与财产物资保管和使用部门的有关财产物资明细记录余额应定期核对相符。

（2）现金、银行存款日记账余额应该同总账有关账户的余额定期核对相符，如图 2－1－3。

银行存款日记账

账号：
户名：

2X13年		凭证		摘　要	支票			借　方										√	贷　方										√	借或贷	余　额										√
月	日	种类	号数		种类	号数	亿	千	百	十	万	千	百	十	元	角	分		亿	千	百	十	万	千	百	十	元	角	分			亿	千	百	十	万	千	百	十	元	角	分	
1	1			上年结转																											借			2	8	0	0	0	0	0	0	
	1	银付	1	提现	支票	2101															1	0	0	0	0	0	0	0	0	借			1	8	0	0	0	0	0	0	
																														借			6	8	0	0	0	0	0	0	
																														借			7	6	0	0	0	0	0	0	

总　账

科目　银行存款

2X13年		凭证		摘　要	借　方											√	贷　方											√	借或贷	余　额											√
月	日	字	号		亿	千	百	十	万	千	百	十	元	角	分		亿	千	百	十	万	千	百	十	元	角	分			亿	千	百	十	万	千	百	十	元	角	分	
1	1			上年结转																									借				2	8	0	0	0	0	0	0	
	10	汇	1	1-10日发生额		1	5	5	6	3	8	9	2	0					1	4	5	0	0	0	0	0	0	借			3	8	6	3	8	9	2	0	
	20	汇	2	11-20日发生额		2	5	0	0	0	0	0	0	0					2	5	8	0	0	0	0	0	0	借			3	0	6	3	8	9	2	0	
	31	汇	3	21-31日发生额		1	6	2	9	1	0	4	6	0					1	4	4	3	6	8	4	2	0	借			4	9	1	8	0	9	6	0	
	31			本月合计		5	6	8	5	4	9	3	8	0					5	4	7	3	6	8	4	2	0				4	9	1	8	0	9	6	0	
				过次页																																					

图 2-1-3　日记账与总账核对示意图

注：表中粗线为红线。

三、账实核对

期末要对各种财产物资的账面余额与实存数额进行核对。主要方法如下：

（1）现金日记账余额要与库存现金实际金额进行核对。对于库存现金，除了出纳人员应该按日结算外，企业还应进行定期与不定期的现金清查。库存现金的清查方法是实地盘点法，即逐张查点现钞确定库存现金的实存数，再与现金日记账的账面余额进行核对，以查明盈亏情况。盘点前，出纳人员应先将现金收、付款凭证全部登记入账，并结出余额；盘点时，出纳人员必须在场，现金应逐张清点。在清查核对中发现有待查明原因的现金短缺或溢余，应首先通过"待处理财产损溢——待处理流动资产损溢"账户核算，以保证库存现金的账实相符。之后，再根据查明的原因和有关领导的批示意见进行相应的账务处理，转销"待处理财产损溢——待处理流动资产损溢"账户的余额。在清查核对时，除查明现金是否有短缺或溢余外，还应该检查企业遵守现金管理制度的情况，注意有无挪用现金以及借条或者白条收据抵充现金的情况。清查核对结束，无论是否发现问题，都应该填写库存现金盘点报告表作为记录。

【例 2－1－1】青青公司 2013 年 12 月 31 日对库存现金进行盘点，发现盘亏 100 元，填制库存现金核对情况报告表，见表 2－1－1：

表 2－1－1　　　　　　　　　　库存现金盘点报告表

编制单位：青青公司　　　　　　　2013 年 12 月 31 日　　　　　　　金额单位：元

实存现金	账面余额	盘盈	盘亏	备注
1 500	1 600	—	100	

盘点人：××　　　　　　　　　监盘人：××　　　　　　　　　制表人：××

对上述盘点结果，应根据"库存现金核对情况报告表"及时进行账务处理：

借：待处理财产损溢——待处理流动资产损溢　　　　　　　100

　　贷：库存现金　　　　　　　　　　　　　　　　　　　　100

这样账务处理之后，保证了库存现金的账实相符。待查明原因后按如下要求进行相应的账务处理，转销"待处理财产损溢"账户的余额。

对于盘亏的现金，属于应由责任人赔偿的部分，借记"其他应收款——应收现金短缺款"账户，贷记"待处理财产损溢——待处理流动资产损溢"账户；属于应由保险公司赔偿的部分，借记"其他应收款——应收保险赔款"账户，贷记"待处理财产损溢——待处理流动资产损溢"账户；属于无法查明的其他原因，根据管理权限，经批准后作为盘亏损失处理，借记"管理费用"账户，贷记"待处理财产损溢——待处理流动资产损溢"账户。

如果上述盘亏的 100 元由出纳人员负责赔偿，则编制如下会计分录：

借：其他应收款——应收现金短缺款（出纳）　　　　　　100

　　贷：待处理财产损溢——待处理流动资产损溢　　　　　　100

对于盘盈的现金，属于应支付给有关人员或单位的，应借记"待处理财产损溢——待处理流动资产损溢"账户，贷记"其他应付款——应付现金溢余"账户；属于无法查明原因的现金溢余，经批准后作为盘盈利得处理，借记"待处理财产损溢——待处理流动资产损溢"账户，贷记"营业外收入——现金溢余"账户。

（2）银行存款日记账要与银行对账单进行核对。企业与银行对账单的核对表面上属于账账核对，实际上是账实核对。具体方法是将银行存款日记账与银行对账单逐笔勾对。发现不一致的记录，属于企业自身错误的，应立即更正；属于银行错误的，应及时与银行协调解决。除此以外尚未勾对的金额，作为未达账项处理，并编制银行存款余款调节表。

【例2-1-2】青青公司2013年12月31日的银行存款日记账账面余额为111 600元，而银行对账单上企业存款余额为101 600元，经逐笔核对，发现有以下未达账项：

①12月27日，企业签发转账支票5 000元，企业已入账，银行尚未入账。

②12月28日，企业委托银行收取10 000元的货款，银行已收妥入账，但企业尚未接到银行的收款通知。

③12月29日，企业送存购货单位签发的转账支票20 000元，企业已入账，银行尚未入账。

④12月31日，银行从企业存款账户支付电费5 000元，银行已入账，企业尚未入账。

根据以上有关内容，编制银行存款余额调节表，如表2-1-2：

表2-1-2　　　　　　　　　**银行存款余额调节表**

2013 年 12 月 31 日

单位名称：　　　　　　　　　　　　　　　　　　　　金额单位：元

开户银行：　　　　　　　　账号：

项目	金额	项目	金额
企业银行存款日记账余额	111 600	银行对账单余额	101 600
加：银行已收，企业未收		加：企业已收，银行未收	
委托收取货款	10 000	购货单位转账支票	20 000
减：银行已付，企业未付		减：企业已付，银行未付	
支付电费	5 000	签发转账支票	5 000
调整后余额	116 600	调整后余额	116 600

经过对未达账项的调整，调整后的双方余额相等，说明银行存款日记账的登记基本没有错误。银行存款余额调节表中调整后的余额是企业可以动用的银行存款实有数。但需要注意的是，银行存款余额调节表只是用来核对银行存款的工具，它不是原始凭证，不可以作为企业银行存款核算的

依据，必须等收到有关结算凭证后，才能进行账务处理。相应的上述未达账项也即自动消失。

（3）有价证券账户要与实存有价证券（如国库券、重点企业债券、股票或收款票据等）进行核对。

（4）各种债权、债务明细账余额应该经常或定期同有关的债务人、债权人核对相符。

（5）原材料、在产品、自制半成品、产成品、库存商品等各项存货的账面数量，房屋建筑物、机器设备、运输工具等各项固定资产的账面数量，应定期与实存数量进行核对，年终必须进行一次全面的清查。

（6）出租、租入、出借、借入财产等账簿，除合同期满应进行清结外，至少每半年核对一次，以保证账实相符。

四、查找错账的方法

在对账中，如果总账数字不平衡，或是总账数字与明细账数字不相符，说明账簿记录有错误，应立即查找，以便予以更正。查找错账的方法，通常有全面检查和抽查两种。抽查方法主要有除二法、差额法和除九法等。

1. 除二法

除二法是把账与账之间的差额除以二来查找错误的一种方法。在记账时，有时由于疏忽，错将借方金额登记到贷方，或是红蓝字记反，必然会出现一方合计数多，另一方合计数少的情况，其差错数应是记错方向数字的一倍，而且是偶数，用差错数除以二，得出的商数就是账中记错方向的数字。这是最为常见的检查错账的方法之一。如某月试算平衡表借贷的两方余额不平衡，其错账差数是 4 000 元，这个差数是偶数，它就存在反向的可能，那么我们可以以 4 000/2 ＝ 2 000 元，这样只要去查找 2 000 元这笔账是否记账反向就是了。当然如果错误差数是奇数，那就没有记账反向的可能，就不适用于除二法来查了。

2. 差额法

差额法是根据错账的差数进行查找错误的一种方法，主要用于漏记或是重记的账目。如计提固定资产折旧 5 000 元，记账时漏记"累计折旧"账户，那么试算平衡表上，就会出现 5 000 元的差额。查错时，就应该特别注意金额与错误差数相同的经济业务，看是否漏登或是重记了。

3. 除九法

除九法是用账账之间的差额除以九来查找错误的一种方法。在记账过程中，有时会把数字的位数记错，譬如把前后两个数字颠倒，或是三个数前后颠倒，数字移位等，这种差错的主要特点就是能够用九整除，这个数是九的整数倍。如错将 1 000 元记成 10 000 元，或是将数字颠倒，如把 36 记成 63，两种错误造成的差额，均为 9 的倍数。采用该方法，可以根据账账之间的差错能否被 9 除尽，进一步查找错账发生的原因。

4. 象形法

象形法是用错账数字形状相像来查找错误的一种方法。有时由于数字形状相像，字迹略为潦草，如 1 写的像 7，在记账时也比较容易发生错误。

此外在本期数没有发现错误，借贷发生额平衡的情况下，就要用追根法，检查上期的结转数查找其中的差错。

五、更正错账的方法

账簿记录发生错误时，不可随意涂改、刮擦、挖补或用化学药水等方法更改字迹，应根据错误发生的性质和具体情况，采用下列方法进行更正。

1. 划线更正法

划线更正法是指用划线方式注销原有记录，以更正错账的一种方法。如果发现账簿记录有错误，而其所依据的记账凭证没有错误，即纯属记账时文字或数字的笔误，应采用划线更正法进行更正。更正的方法如下：

（1）将错误的文字或数字划一条红色横线注销，但必须使原有字迹仍可辨认，以备查找；

（2）在划线的上方用蓝字或黑字将正确的文字或数字填写在同一行的上方位置，并由更正人员在更正处盖章，以明确责任。

（3）划线时，要将错误的文字或数字全部划掉，不能只划其中错误字码。

具体如图2－1－4所示。

总　账

科　目　库存现金

20×年		凭证		摘　要	借方										√	贷方										√	借或贷	余额										√
月	日	字	号		亿	千	百	十	万	千	百	十	元	角	分		亿	千	百	十	万	千	百	十	元	角	分			亿	千	百	十	万	千	百	十	元	角	分	
1	1			上年结转																								借				1	2	4	2	0	0	
	1	银付	1	提现备发工资				3	5	0	0	0	0	0														借				3	6	2	4	2	0	0	
	1	现付	1	支付工资																3	2	0	0	0	0	0		借				4	2	4	2	0	0	
	1	现付	2	购买办公用品																			1	2	5	0	0	借				4	1	1	7	0	0	
	1	现收	1	报销差旅费						2	4	8	0	0														借				4	1	6	5	0	0	
	1	现付	3	支付业务招待费																	2	7	6	3	0	0		借				1	4	0	2	0	0	
																					2	7	3	6	0	0													

宋　秋

图2－1－4　划线更正法示意图

2.红字更正法

红字更正法是用红字冲销或冲减原记数额，以更正或调整账簿记录的一种方法。在会计上，以红字记录表明对原记录的冲减。红字更正法适用于以下两种情况：

（1）根据记账凭证所记录的内容记账以后，发现记账凭证中的应借、应贷会计科目或记账方向有错误，且记账凭证同账簿记录的金额相吻合，应采用红字更正。更正的方法如下：

① 先用红字填制一张与原错误记账凭证内容完全相同的记账凭证，并据以用红字登记入账，冲销原有错误的账簿记录；

② 然后再用蓝字或黑字填制一张正确的记账凭证，并据以用蓝字或黑字登记入账。

【例2－1－3】以现金支付银行利息800元，在填制记账凭证时误计入银行存款账户，并据以登记入账，其错误记账凭证所反映的会计分录为：

借：应付利息　　　　　　　　　　　　　　　　　800

　　贷：银行存款　　　　　　　　　　　　　　　　　　800

该项分录应贷记库存现金账户。在更正时，应用红字金额编制如下记账凭证进行更正。

借：应付利息　　　　　　　　　　　　　　　　　800

　　贷：银行存款　　　　　　　　　　　　　　　　　　800

错误的记账凭证以红字记账更正后，表明已全部冲销原有错误记录，然后用蓝字或黑字填制如下正确分录，并据以登记入账：

借：应付利息　　　　　　　　　　　　　　　　　800

　　贷：库存现金　　　　　　　　　　　　　　　　　　800

（2）根据记账凭证所记录的内容记账以后，发现记账凭证中应借、应贷的会计科目和记账方向都没有错误，记账凭证和账簿记录的金额也吻合，只是所记金额大于应记的正确金额，应采用红字更正。更正的方法是将多记的金额用红字填制一张与原错误记账凭证的借贷方向、应借应贷会计科目相同的记账凭证，并以红字登记入账以冲销多记的金额。

【例2－1－4】用银行存款4 000元购买办公用品，在填制记账凭证时，误记金额为40 000元，但会计科目、借贷方向均无错误，其错误记账凭证所反映的会计分录为：

借：管理费用　　　　　　　　　　　　　　　　40 000

　　贷：银行存款　　　　　　　　　　　　　　　　　40 000

在更正时，应将多记金额36 000元填写一张会计科目、记账方向与原记账凭证相同红字凭证，并据以登记入账。

借：管理费用　　　　　　　　　　　　　　　　36 000

　　贷：银行存款　　　　　　　　　　　　　　　　　36 000

错误的记账凭证以红字记账更正后，即可反映其正确金额为 4 000 元。

3. 补充登记法

补充登记法是指用增记金额的方式以更正错账的一种方法。根据记账凭证所记录的内容记账以后，发现记账凭证中应借、应贷的会计科目和记账方向都没有错误，记账凭证和账簿记录的金额也吻合，只是所记金额小于应记的正确金额，应采用补充登记法。更正的方法是将少记的金额用蓝字或黑字填制一张与原错误记账凭证所记载的借贷方向、应借应贷会计科目相同的记账凭证，并据以登记入账，以补记少记金额，求得正确金额。

【例 2—1—5】用银行存款 4 000 元购买办公用品，在填制记账凭证时，误记金额为 400 元，但会计科目、借贷方向均无错误，其错误记账凭证所反映的会计分录为：

借：管理费用　　　　　　　　　　　　　　　　　　　　400

　　贷：银行存款　　　　　　　　　　　　　　　　　　　　400

在更正时，先计算少记金额 3 600 元（4 000－400），然后用蓝字或黑字编制如下记账凭证进行更正：

借：管理费用　　　　　　　　　　　　　　　　　　　　3 600

　　贷：银行存款　　　　　　　　　　　　　　　　　　　　3 600

错误的记账凭证以蓝字或黑字记账更正后，即可反映其正确的金额为 4 000 元。

第二节　年底结账实务指点

结账就是结算各种账簿记录，在将一定时期内发生的全部经济业务登记入账的基础上，按照规定的方法将各个账户的本期发生额和期末余额结算清楚，以便反映财务状况、计算经营成果，编制财务报告。

一、结账的程序和要求

（1）将本期内所发生的经济业务全部填制记账凭证，登记入账。如发现漏账、错账等账簿记录错误，应及时按规定予以更正。同时既不能提前结账，也不能将本期发生的经济业务延至下期登记。

（2）按照权责发生制的要求，结合财产清查，编制有关账项调整的记账凭证，并据以登记入账，以正确确定本期的收入和成本费用。账项调整包括应计收入的调整、应计费用的调整、预收收入的调整和预付费用的调整等。如应由本期负担的利息费用，应按相应的利率予以计提；将属于本期的预收收入予以确认，计入本期收入等。

（3）计算、登记各账户的借、贷方本期发生额和期末余额。

（4）划红线确认并结转余额至下期。月结和季结时，在"本月合计"和"本季合计"行上下均通栏单红线；年结时，在"本年累计"行上划通栏单红线，在"本年累计"行下划通栏双红线，并结转余额至下年。

二、结账的具体方法

（1）现金、银行存款日记账和需要按月结计发生额的收入、费用等明细账，每月结账时，在最后一笔经济业务事项记录之下通栏划单红线，表示本月记录到此为此。在这条线下面的一行的摘要栏内注明"本月合计"字样，在借贷双方结出本月发生额合计，并在下面再通栏划单红线。具体如图2－1－5所示。

（2）对不需按月结计本期发生额的账户，如各项应收应付款项，每次记账以后，都要随时结出余额，每月最后一笔余额即为月末余额。结账时，只需要在最后一笔经济业务事项记录之下通栏划单红线，不需要再结计一次余额。具体如图2－1－6所示。

（3）需要结计本年累计发生额的某些明细账户，如主营业务收入、主营业务成本明细账等，每月结账时，在最后一笔经济业务事项记录之下通栏划单红线，表示本月记录到此为此。在这条线下面的一行的摘要栏内注明"本月合计"字样，结出本月发生额。在下移一行，在摘要栏内注明"本年累计"字样，结出自年初起至本月末止的累计发生额，并在下面通

现金日记账　　　　　　　　　　　　　　　　　第 2 页

2013 年		记账凭证号数	摘要	对方科目	借方	贷方	借或贷	余额
月	日							
12	6		承前页			1 454.00	借	2 116.00
	8	收2	报销差旅费退回现金	其他应收款	40.00		借	2 156.00
	10	付5	提现备用	银行存款	3 500.00	1 000.00	借	1 490.00
	..	..	..			...	借	2 995.00
	31		本月合计		117 690.00	118 265.00	借	2 995.00

红线

图 2−1−5　现金日记账结账示意图

应收账款明细账

本账页数	
本户页数	

应收账款科目红叶公司

2×13 年		记账凭证号数	摘要	对方科目	借方	贷方	借或贷	余额
月	日							
12	1		期初余额				借	699 000.00
	11	收5	收到前欠货款			9 000.00	借	690 000.00
	23	付34	销售 A 产品代垫运费		3 200.00		借	693 200.00
	23	转19	销售 A 产品 50 件@3 700.00		216 456.00		借	909 650.00

红线

图 2−1−6　应收账款结账示意图

栏划单红线。要注意的是，12月末的"本年累计"就是全年累计发生额，此时须在全年累计发生额下通栏划双红线，以与各月份的累计数相区别，同时表示本年记录到此为止。具体如图 2−1−7 所示。

银行存款日记账

账号：
户名：

2X13年 月	日	凭证 种类	号数	摘要	支票 种类	号数	借方	√	贷方	√	借或贷	余额	√
1	1			上年结转							借	2 8 0 0 0 0 0 0 0	
	1	银付	1	提现	支票	2101			1 0 0 0 0 0 0 0 0		借	1 8 0 0 0 0 0 0	
	1	银收	1	销售收入	支票	3202	5 0 0 0 0 0 0 0 0				借	6 8 0 0 0 0 0 0	
	1	银收	2	收回前欠货款	委收	5805	8 0 0 0 0 0 0				借	7 6 0 0 0 0 0 0	
				略									
	31			本月合计			5 6 8 5 4 9 3 8 0		5 4 7 3 6 8 4 2 0		借	4 9 1 8 0 9 0 6 0	
				1—11累计			3 6 4 9 4 8 2 6 0 0		3 5 9 2 6 8 3 5 6 0		借	8 4 7 9 9 0 4 0	
12	1	银收	1	收回前欠货款	支票	4703	2 5 0 0 0 0 0 0				借	1 0 9 7 9 9 0 4 0	
	1	银收	2	收到银行借款	转存	1138	1 0 0 0 0 0 0 0 0				借	2 0 9 7 9 9 0 4 0	
	1	银付	1	支付材料款	支票	4729			6 8 0 0 0 0 0 0		借	1 4 1 7 9 9 0 4 0	
	2												
	31			本月合计			5 1 4 6 8 4 0 0		5 1 9 0 7 7 2 4 0		借	8 0 4 0 5 8 0 0	
	31			本年累计			4 1 6 4 1 6 6 6 0 0		4 1 1 1 7 6 0 8 0 0		借	(8 0 4 0 5 8 0 0)	
				结转下年									

银行存款日记账

账号：
户名：

2X14年 月	日	凭证 种类	号数	摘要	支票 种类	号数	借方	√	贷方	√	借或贷	余额	√
1	1			上年结转							借	(8 0 4 0 5 8 0 0)	
				过次页									

图 2-1-7　银行存款日记账年底结账示意图

注：表中粗线为红线。

需要结出本月发生额的账户，如果一个月内只有一笔发生额，则本月就不存在合计问题。此时，只需在这笔记录下面划一条线，不必在下一行结计本月合计数。

（4）总账账户平时只需结出月末余额。年终结账时，将所有总账账户结出全年发生额和年末余额，在摘要栏内注明"本年合计"字样，并在合计数下通栏划双红线。

（5）凡需要结出余额的账户，结出余额后，应在"借或贷"等栏内写明"借"或"贷"的字样，没有余额的账户，应在"借或贷"等栏内写"平"字，并在余额栏内用"0"表示。年度终了结账时，有余额的账户，要将其余额结转下年，并在摘要栏注明"结转下年"字样；在下一会计年度新建有关会计账户的第一行余额栏内填写上年结转的余额，并在摘要栏注明"上年结转"字样。要注意的是，此时不必编制会计凭证。

三、对结账的补充说明

在电子数据处理系统下，结账在过账的同时就可以很容易的实现，再区分出这个结账程序意义不大；但是在手写簿记系统下，需要人工进行，因此可以到期末再进行结账，由此而产生了这个与过账息息相关的程序。

第二章　年终会计结转

第一节　期末账项调整

期末账项调整是指按照权责发生制的要求，在期末将应归属本期但在本期没有发生货币资金收付的收入和费用，分别计入有关账户，以正确确定各期盈亏的工作。

一、期末账项调整的目的

				持续经营
前期	**本期**	后期		

（1）前期收款或付款，本期确认收入或费用，即预收收入或预付费用。

（2）本期确认收入或费用，后期收款或付款，即应计收入或应计费用。

期末账项调整就是按照权责发生制这一原则，合理地反映相互连接的各会计期间应获得的收入和应负担的费用，使每个会计期间的收入和费用能在相关的基础上进行配比，从而比较正确地计算各期的盈亏。值得注意的是，期末进行账项调整，虽然主要是为了在利润表中正确地反映本期的经营成果，但是，在收入和费用的调整过程中，必须会影响到资产负债表有关项目的增减变动。因此，账项调整有助于正确地反映企业期末的财务状况。

二、期末账项调整的内容

期末账项调整的内容分为基本调整事项和其他调整事项，基本调整事项包括应计收入、应计费用、预收收入和预付费用；其他调整事项包括固定资产折旧、无形资产摊销、计提坏账准备、计提各种税金、各种资减值准备等。具体如图 2—2—1 所示。

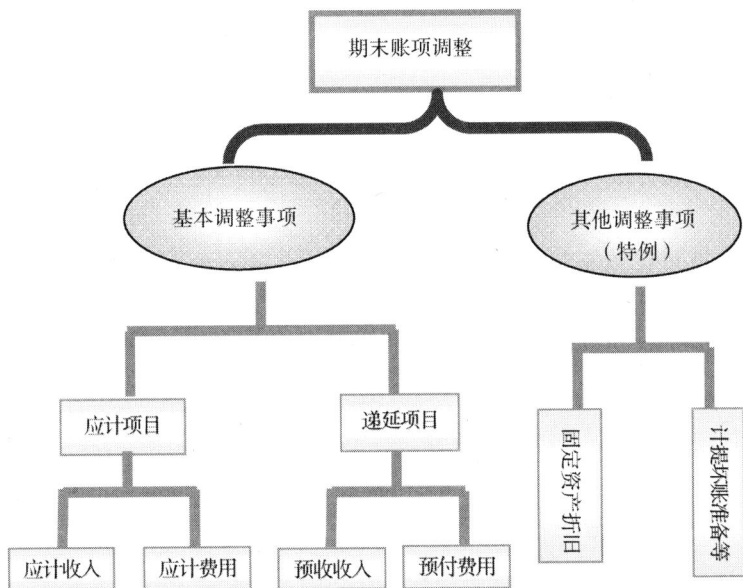

图 2—2—1　期末账项调整内容

1. 应计收入的调整

（1）应计收入是指企业在本期已经向外发出商品、提供劳务或让渡资产使用权，已经实现但由于尚未结算或对方延期付款等原因致使本期的尚未收到款项的各项收入。比如期末已经符合收入确认条件但还没有登记入账的利息收入和租金收入等。会计期末，对于企业已经实现而没有登记入账的收入，应调整入账，以便准确地反映企业当期的经营成果。

（2）应用的账户主要有应收账款、其他应收款、应收票据、应收利息等。

【例 2—2—1】青青公司 2013 年 1 月将暂时不用的仓库出租给某公司，

租金每月 1 000 元，7 月 1 日收到租金 6 000 元。

①2013 年 7 至 12 月确认收入时：

借：其他应收款　　　　　　　　　　　　　　　1 000

　　贷：其他业务收入　　　　　　　　　　　　　　　1 000

②2013 年 12 月 31 日收款时：

借：银行存款　　　　　　　　　　　　　　　　6 000

　　贷：其他应收款　　　　　　　　　　　　　　　　6 000

2. 应计费用的调整

（1）应计费用是指本期已经发生或已经受益，应由本期负担，但尚未支付款项或会计上尚未确认的各项费用。比如应计未计的利息，比如企业使用了电话或其他服务，但在会计期末还没有支付相关费用，也没有将该费用入账，就形成了应计费用。会计期末，对于已经发生但尚未入账的费用，应调整入账，同时调整增加相应的负债。

（2）应用的账户主要有应付利息、应交税费、其他应付款等。

【例 2－2－2】青青公司 2013 年 6 月 21 日向银行支付第二季度短期借款利息 3 000 元，其中 4 月、5 月分别为 1 000 元。

①2013 年 4 至 5 月确认费用时：

借：财务费用　　　　　　　　　　　　　　　　1 000

　　贷：应付利息　　　　　　　　　　　　　　　　1 000

②2013 年 6 月 21 日付款时：

借：财务费用　　　　　　　　　　　　　　　　1 000

　　应付利息　　　　　　　　　　　　　　　　2 000

　　贷：银行存款　　　　　　　　　　　　　　　　3 000

3. 预收收入的调整

（1）预收收入是指本期已经收款入账，但尚未向购货单位提供产品或劳务，不属于或不完全属于本期的各项收入，是一种负债性质的预收账款。比如预收销货款、预收包装物租金等。对企业来说，预收收入后要在后续期间里以商品交付的方式来履行其义务。当企业提供了部分商品之后，就有权利将这部分的预收收入转为本期已实现的收入。会计期末，对于预收收入中已经符合收入确认条件的部分，应将其调整计入当期收入。

（2）应用的账户主要有预收账款。

【例 2-2-3】青青公司 2013 年 2 月 21 日收到某商场预付的购货订金 200 000 元，款项存入银行。合同约定，青青公司于 2013 年 3 至 5 月每月向该商场提供 10 台 A 产品，每台售价 6 000 元，生产成本每台 5 000 元，公司适用的增值税税率是 17%，剩余货款 5 月末付清。

①2013 年 2 月 21 日收到订金时：

借：银行存款	200 000
贷：预收账款	200 000

②2013 年 3 至 5 月末：

借：预收账款	70 200
贷：主营业务收入	60 000
应交税费——应交增值税（销项税额）	10 200

同时：

借：主营业务成本	50 000
贷：库存商品	50 000

③2013 年 5 月末结清余款时：

借：银行存款	10 600
贷：预收账款	10 600

4. 预付费用的调整

（1）预付费用是指企业本期已经支付，但本期尚未受益，应由以后各期来负担的各项费用。预付费用是企业的一项资产，这项资产耗用或收益后就转化为费用，其余尚未耗用或转化的预付费用，递延到以后受益的会计期间。

支付与发生的时间差不超过一个会计年度的，称为收益性支出，在我国被称为待摊费用。支付与受益的时间长于一个会计年度的，属于资本性支出。会计期末对于收益性的支出，应该在一个会计年度内按实际发生或受益情况，全部摊销完毕，如预付保险费、报刊费、修理费等；对于资本性之处，则应该按它的可能受益年限分摊，如固定资产、无形资产等。

（2）应用的账户主要有长期待摊费用、累计折旧、累计摊销等。

【例2—2—4】青青公司2013年1月1日以银行存款支付本年度办公楼财产保险费24 000元。

①2013年1月1日支付保险费时：

借：预付账款——预付保险费 　　　　　　　　　　24 000

　　贷：银行存款 　　　　　　　　　　　　　　　　　　24 000

②2013年各月末：

借：管理费用 　　　　　　　　　　　　　　　　　　2 000

　　贷：预付账款——预付保险费 　　　　　　　　　　　2 000

5. 其他账项调整

（1）计提固定资产折旧。固定资产折旧是指固定资产的价值损耗，即固定资产随着使用而减少的那部分价值。计提固定资产折旧就是把购置或建造固定资产所支付的费用，在整个固定资产使用期间进行分期推销。

固定资产折旧方法有平均年限法、工作量法、双倍余额递减法、年数总和法等。折旧方法一经确定，一般不得随意变更。

平均年限法计算折旧：

年折旧额＝（固定资产原值－预计净残值）÷预计使用年限

月折旧额＝年折旧额÷12

固定资产净值＝固定资产原值－累计折旧

固定资产折旧应设置的账户：

固定资产		累计折旧	
增加的固定资产原值	减少的固定资产原值	因出售固定资产等原因而结转的累计折旧额	固定资产累计折旧增加额
期末余额：结存固定资产的原值			期末余额：结存固定资产累计折旧额

【例 2－2－5】青青公司 2013 年 6 月份固定资产账户有原值 1 040 000 元，其中生产用设备 800 000 元，预计使用 10 年，预计残值 85 000 元，预计清理费用 5 000 元；管理用设备 240 000 元，预计使用 5 年，无残值。

生产用设备月折旧额＝（800 000－85 000＋5 000）÷（10×12）＝ 6 000（元）

管理用设备月折旧额＝240 000÷（5×12）＝ 4 000（元）

调整分录：

借：制造费用 6 000

管理费用 4 000

贷：累计折旧 10 000

（2）计提坏账准备。坏账是指企业无法收回的应收款项。由于发生坏账而产生的损失，称为坏账损失。企业对于没有把握能够收回的应收账款，应当计提坏账准备。企业采用备抵法核算坏账损失。

当期应提取的坏账准备＝应收账款期末余额×计提比例－坏账准备账面余额

期末应收账款净值＝应收账款期末余额－坏账准备期末余额

备抵法处理应设置的账户：

资产减值损失		坏账准备	
估计发生的资产减值额	期末转入"本年利润"账户的资产减值额	实际发生坏账损失核销的坏账准备金数额	根据估计的坏账损失计提的坏账准备金数额
期末一般无余额			期末根据应收款项余额计算的本期末应有的坏账准备余额

【例2-2-6】青青公司 2013 年年末应收账款期末借方余额 250 000 元，坏账准备贷方余额 8 500 元，青青公司按应收账款余额的 5% 计提坏账准备。

当期应提取坏账准备 ＝ 250 000×5% － 8 500 ＝ 4 000（元）

调整分录：

借：资产减值损失　　　　　　　　　　　　　　　　　4 000

　　贷：坏账准备　　　　　　　　　　　　　　　　　　4 000

第二节　成本费用、收入结转

结转是指期末结账时将某一账户的余额或差额转入另一账户。在结转过程中涉及一个转出账户，一个转入账户。一般而言，结转后，转出账户将没有余额。结转的目的大体有四个：其一是为了结出本账户的余额；其二是为了计算本报告期的成本；三是为了计算本期的损益和利润的实现情况；其四是为了保持会计工作的连续性，把本会计年度末的余额转到下个会计年度。

一、供应过程的结转

供应过程是生产原料的储备阶段，是指企业支付货款到材料验收入库的采购过程。在供应过程中，采用实际成本法进行材料日常核算的企业，设置两个账户来记录材料的采购成本。一是在途物资账户：核算企业购入尚未到达或已到达但尚未入库的各种材料物资的采购成本，借方登记企业购入的在途物资的采购成本，贷方登记验收入库的材料物资的实际成本。二是原材料账户：核算企业库存各种材料的实际成本，借方登记验收入库材料的实际成本，贷方登记发出材料的实际成本。因此，当企业购入材料尚未到达或尚未入库时应将其采购成本计入在途物资的借方，验收入库后应结转材料的采购成本。即借记原材料，贷记在途物资。

【例 2-2-7】青青公司采购甲材料 10 000 千克，单价 10 元，采购费用 500 元，开出转账支票支付货款，材料尚未入库。

借：在途物资　　　　　　　　　　　　　　　　　100 500

　　贷：银行存款　　　　　　　　　　　　　　　　100 500

上述材料验收入库，按其实际成本转账。

借：原材料　　　　　　　　　　　　　　　　　　100 500

　　贷：在途物资　　　　　　　　　　　　　　　　100 500

此笔结转分录表明在途材料减少，库存材料增加，即将在途材料转至库存材料。这里需要说明：其一，为简便起见本题及以下例题不考虑增值税；其二，材料的采购成本应包括买价和采购费用两部分。

二、生产过程的结转

生产过程是工业企业生产经营过程的中心环节，其核算的主要内容可以概括为三个字：料、工、费，分别指直接材料、直接人工和制造费用。生产过程的结转主要设置生产成本和制造费用等账户。

在领用直接材料和计提直接人工时，直接计入生产成本，借记"生产成本"，贷记"原材料、应付职工薪酬"等。企业生产车间为生产产品和提供劳务而发生的各项间接费用，则首先通过制造费用归集，借记"制造费用"，贷记"原材料、应付职工薪酬"等，期末再按一定的标准分配结转到生产成本中，借记"生产成本"，贷记"制造费用"。

经过一定的生产加工过程，生产费用归集在生产成本账户的借方，该借方发生额并非本月完工产品的成本，而是本月发生的生产费用，生产费用还要在完工产品与月末在产品之间的进行分配，然后结转本月完工入库产品的实际成本。当产品完工入库时，应将其生产成本从生产成本账户转入库存商品账户，结转完工产品成本，即借：库存商品——相关明细科目，贷：生产成本——相关明细科目。期末生产成本账户结转后如有余额表示本期尚未完工的在产品的成本。

【例2-2-8】青青公司2013年12月生产甲产品25台，原材料在开始时一次投入，其他费用按约当产量比例分配。甲产品本月月初在产品和本月耗用直接材料费用250 000元，直接人工费用22 000元，燃料动力费用90 000元，制造费用56 000元。甲产品本月完工15台，期末在产品10台，完工程度按平均50%计算。

甲产品各项费用的分配计算如下：

因为甲产品的材料是在生产开始时一次投入的，所以不必计算约当产量，直接按完工产品和在产品的比例分配。

（1）直接材料费用的计算：

完工产品负担的直接材料费用 = 250 000÷25×15 = 150 000（元）

在产品负担的直接材料费用 = 250 000÷25×10 = 100 000（元）

直接人工费用、燃料动力费用和制造费用均按约当产量比例分配，在产品10台折合约当产量5台（10×50%）。

（2）直接人工费用的计算：

完工产品负担的直接人工费用 = 22 000÷（15+5）×15 = 16 500（元）

在产品负担的直接人工费用 = 22 000÷（15+5）×5 = 5 500（元）

（3）燃料动力费用的计算：

完工产品负担的燃料动力费用 = 90 000÷（15+5）×15 = 67 500（元）

在产品负担的燃料动力费用 = 90 000÷（15+5）×5 = 22 500（元）

（4）制造费用的计算：

完工产品负担的制造费用 = 56 000÷（15＋5）×15 = 42 000（元）

在产品负担的制造费用 = 56 000÷（15＋5）×5 = 14 000（元）

通过以上按约当产量的分配计算，可以汇总出本月甲产品完工产品成本和在产品成本。

甲产品本月完工产品成本 = 150 000＋16 500＋67 500＋42 000 = 276 000（元）

甲产品本月在产品成本 = 100 000＋5 500＋22 500＋14 000 = 142 000（元）

根据甲产品本月完工产品成本编制完工产品入库结转的会计分录如下：

借：库存商品——甲　　　　　　　　　　　　　　276 000

　　贷：生产成本——甲　　　　　　　　　　　　　276 000

生产的产品完工之后，生产成本归集的费用（料、工、费）全部结转到库存商品账户中。生产过程中未完工的产品，其费用则不予结转，留待下月继续加工。

三、销售过程的结转

企业的生产经营耗费需要从收入中得到补偿，库存商品进入市场流通，实现货币的回笼，这样就进入了销售过程。简单地说，销售过程的业务主要体现在两个方面，一是销售收入的增加，借记"应收账款、银行存款"等，贷记"主营业务收入"。二是库存商品的减少，即结转已经销售商品的生产成本，借记"主营业务成本"，贷记"库存商品"。

【例2-2-9】青青公司2013年12月销售10台甲产品，销售单价为每台15 000元，货款已存入银行。

借：银行存款　　　　　　　　　　　　　　　　150 000

　　贷：主营业务收入　　　　　　　　　　　　　150 000

同时结转销售成本，

借：主营业务成本　　　　　　　（10×10 000）100 000
　　贷：库存商品——甲　　　　　　　　　　　　　100 000

此外，销售过程中还会发生销售费用、相关税费（如消费税、城建税、教育费附加等）等，因此还要设置销售费用、营业税金及附加、应交税费等账户。

第三节　利润结转

利润是企业一定期间的经营成果，是综合评价企业经济效益的重要指标。会计核算的目的是要算出利润，而计算利润的过程实际上就是收入减成本费用的过程。

一、利润合成的结转方法

构成利润的收入和成本费用平时发生时相应登记在各个损益类账户中，比较分散。确定企业最终的经营成果是盈利还是亏损，涉及利润的合成。利润合成的结转方法有下列两种：

一是表结法：企业在年终决算以外的各会计期末，将全部损益类账户的本期发生额按利润表的编制要求，填入到利润表的各个项目中，在表中计算出本期利润和本年累计利润。用表结法来核算结转本年利润，即1～11月，各损益类账户的余额，在账务处理上暂不结转至本年利润，而是在利润表中按收入、成本费用结出净利润，然后将净利润在负债表中的未分配利润行中列示。到12月年终决算时，再将各损益类账户的余额结转至本年利润，结转后各损益类账户的余额为0。

二是账结法：企业在每个会计期间期末将损益类账户的本期净发生额结转到本年利润账户，通过本年利润账户结出本期利润和本年累计利润，损益类账户各期末均不留余额。

在实务工作中我们可以根据自己的实际情况选择表结法还是账结法。

目前大多数企业会计核算已经电算化，建议最好使用账结法。

账结法下，有关结转分录如下：

其一是各收入、收益类账户转至本年利润的贷方：

借：主营业务收入

其他业务收入

营业外收入

投资收益

贷：本年利润

其二是成本费用类账户结转至本年利润的借方：

借：本年利润

贷：主营业务成本

其他业务成本

营业税金及附加

销售费用

管理费用

财务费用

营业外支出等

收入类、成本费用类和利润账户统称为损益类账户。企业在一定时期内取得的收入与该期发生的费用相比较，便可以确定企业该期利润。因此收入类账户与成本费用类账户在结构上相反。收入类账户的贷方登记本期取得的收入，即收入的增加数；借方登记本期收入的转出，即收入的减少数。贷方合计大于借方合计的差额，通过收入类账户的借方结转至利润账户，期末没有余额。成本费用类账户的借方登记本期发生的成本费用，即成本费用的增加额；贷方登记本期成本费用的转销，即成本费用的减少额。借方合计大于贷方合计的差额，通过成本费用类账户的贷方结转至利润账户，期末没有余额。

由于与本年利润账户发生关系的都是损益类账户，各损益类账户结转后都没有余额。收入类账户平时发生时登记在贷方，为将其转平，应该结转其相反方向借方，根据借贷记账规则，借：收入类账户，贷：本年利润。至于成本费用类账户的结转则与之相反。通过上述两笔结转分录，本年利润账户的贷方与借方轧差，便可计算出利润总额（若借方大于贷方则为亏损）。以此为基础，进行纳税调整后便可计算结转企业所得税。企业所得税是一项费用，同样应冲减本年利润，即借：本年利润，贷：所得税费用。经过此笔结转，本年利润的贷方余额则为净利润。

【例2—2—10】青青公司2013年11月末的利润总额为2 323 750元，12月损益类账户金额如表2—2—1所示。

表2—2—1　　　　　　　　青青公司12月损益类账户　　　　　　　单位：元

账户名称	借方发生额	贷方发生额
主营业务收入	50 000	1 650 000
主营业务成本	1 045 000	25 000
营业税金及附加	17 500	
其他业务收入	1 000	13 500
其他业务成本	6 750	500
销售费用	20 000	1 000
管理费用	200 500	3 000
财务费用	197 500	6 240
投资收益	1 250	3 750
营业外收入		1 250
营业外支出	11 250	

（1）编制12月结转收入、成本、费用的会计分录；

（2）根据以上资料计算全年利润总额、全年应缴税额和净利润（所得税税率为25%，不考虑纳税调整事项）。

解析：

（1）12月的结转分录，要按照每个总账科目余额（即，收入类的当月贷方转入借方；支出类的当月借方转入贷方）结转，具体分录如下：

结转收入类：

借：主营业务收入　　　　　（1 650 000－50 000）1 600 000

　　其他业务收入　　　　　　（13 500－1 000）12 500

　　投资收益　　　　　　　　（3750－1250）2 500

　　营业外收入　　　　　　　　　　　　　　　1 250

　　贷：本年利润　　　　　　　　　　　　　1 616 250

结转支出类：

借：本年利润　　　　　　　　　　　　　　1 462 760

　　贷：主营业务成本　　　　（1 045 000－25 000）1 020 000

　　　营业税金及附加　　　　　　　　　　　17 500

　　　销售费用　　　　　　　（20 000－1 000）19 000

　　　其他业务成本　　　　　　（6 750－500）6 250

　　　管理费用　　　　　　　（200 500－3 000）197 500

　　　财务费用　　　　　　　（197 500－6 240）191 260

　　　营业外支出　　　　　　　　　　　　　11 250

（2）12月的利润总额＝1 616 250－1 462 760＝153 490（元）

全年利润总额＝2 323 750＋153 490＝2 477 240（元）

全年应缴企业所得税额＝全年利润总额×25％＝2 477 240×25％＝619 310（元）

净利润＝全年利润总额－619 310＝2 477 240－619 310＝1 857 930（元）

二、利润分配的一般程序

企业实现的净利润，应根据国家有关法规及公司章程的规定进行分配。利润分配的过程与结果是否合理合法，不仅关系到所有者的合法权益能否得到保护，而且关系到企业能否长期、稳定发展。

根据《中华人民共和国公司法》等有关法律法规的规定，企业当年实现的净利润，一般应按照下列顺序和金额进行分配：

第一，提取法定盈余公积金。

根据规定，公司制企业一般按照当年税后净利润的10%提取法定盈余公积金，非公司制企业根据需要按不低于10%的比例提取。企业提取的法定盈余公积金累计额达到注册资本的50%时，可以不再提取。提取的法定盈余公积金用于弥补以前年度亏损或转增资本金。但转增资本金后留存的法定盈余公积金不得低于注册资本的25%。

第二，提取任意盈余公积金。

公司从税后净利润中提取法定盈余公积金后，经股东大会决议还可以从税后利润中提取任意盈余公积金。

第三，向投资者分配股利或利润。

公司弥补亏损和提取盈余公积金后所余的税后利润，加上以前年度未分配的利润，为本年度可供投资者分配的利润。如果可供分配的利润为负数（即亏损），一般不能进行后续分配。

公司股东会或董事会违反上述利润分配顺序，在抵补亏损和提取法定盈余公积金之前向股东分配利润的，必须将违反规定发放的利润退还公司。

三、利润分配的结转

利润分配一般于年终进行。企业的利润分配通过利润分配账户进行，它是本年利润的调整账户，也是连接利润表和资产负债表的中间账户。本年利润账户的余额表示年度内累计实现的净利润或净亏损，该账户平时不结转，年终一次性地转至"利润分配——未分配利润"账户，借：本年利润，贷：利润分配——未分配利润。如为亏损则作相反分录。年终利润分配各明细账户只有未分配利润有余额，需将其他明细账户转平，借：利润分配——未分配利润，贷：利润分配——提取盈余公积、向投资者分配利润等。

【例2-2-11】承上例，青青公司2013年度实现净利润为1 857 930元，按规定进行利润分配。

有关账务处理如下：

（1）年终净利润的结转。即年终决算时，将全年实现的净利润从本年利润账户转入利润分配——未分配利润账户：

借：本年利润　　　　　　　　　　　　　　　　1 857 930
　　贷：利润分配——未分配利润　　　　　　　　　　1 857 930

（2）按税后利润的10%提取法定盈余公积金185 793元：

借：利润分配——提取法定盈余公积　　　　　185 793
　　贷：盈余公积——法定盈余公积　　　　　　　　185 793

（3）根据股东大会决议，按税后利润的10%提取任意盈余公积金185 793元：

借：利润分配——提取任意盈余公积　　　　　185 793
　　贷：盈余公积——任意盈余公积　　　　　　　　185 793

（4）根据股东大会决议，分派现金股利1 000 000元：

借：利润分配——应付现金股利　　　　　　　1 000 000
　　贷：应付股利　　　　　　　　　　　　　　　1 000 000

（5）利润分配完毕，将本年实际分配的利润全部转入未分配利润明细账户：

借：利润分配——未分配利润　　　　　　　　1 371 586
　　贷：利润分配——提取法定盈余公积　　　　　　185 793
　　　　　　——提取任意盈余公积　　　　　　　185 793
　　　　　　——应付现金股利　　　　　　　1 000 000

第三篇

报表编制篇

第一章　财务会计报告概述

第一节　年底编制财务会计报告的要求

一、财务会计报告的概念

财务会计报告是会计核算工作的结果，是指企业对外提供的反映企业某一特定日期财务状况和某一会计期间经营成果、现金流量等会计信息的书面文件。

编制财务会计报告的目的是向企业的有关各方，如投资者、债权人、政府部门、企业管理当局、社会公众等财务会计报告的使用者提供全面、系统、综合的财务会计信息，以帮助他们了解该经济单位管理层受托责任的履行情况，分析其业务活动中存在的问题，便于报告的使用者做出更加合理的经济决策。

二、财务会计报告的构成

财务会计报告包括财务报表和其他需要在财务报告中披露的资料。其中财务报表是对企业财务状况、经营成果和现金流量的结构性表述。一套完整的财务报表至少应当包括下列组成部分：资产负债表、利润表、现金流量表、所有者权益（或股东权益，下同）变动表以及附注。其中资产负债表、利润表、现金流量表、所有者权益变动表是会计核算报表的主体、最重要、最核心的部分；而附注是对会计报表的补充说明，也是财务会计报告的重要组成部分，见表3—1—1。

表 3－1－1 财务报表的分类

分类标准	分类结果	报表名称
经济内容	财务报表	资产负债表、利润表、现金流量表、所有者权益变动表及附注
	成本报表	产品生产成本表、管理费用明细表等
编报时间	年度财务报表	资产负债表、利润表、现金流量表、所有者权益变动表及附注
	中期财务报表	资产负债表、利润表、现金流量表及附注
编报主体	个别财务报表	资产负债表、利润表、现金流量表、所有者权益变动表及附注
	合并财务报表	资产负债表、利润表、现金流量表、所有者权益变动表及附注
资金状态	静态报表	资产负债表
	动态报表	利润表、现金流量表、所有者权益变动表
编制单位	基层财务报表	资产负债表、利润表、现金流量表、所有者权益变动表及附注
	合并财务报表	合并资产负债表、合并利润表、合并现金流量表、合并所有者权益变动表及附注

（1）按财务报表反映的经济内容不同，可以分为财务报表和成本报表。财务报表是反映企业财务状况、经营成果和现金流量的报表，也是企业向外部使用者报送的报表，包括资产负债表、利润表、现金流量表、所有者权益变动表及附注，其基本格式及编制方法在会计准则中作了统一规定。成本报表是反映企业生产经营活动过程中发生的生产费用、成本和期间费用形成情况的报表，也是企业会计人员为满足内部管理需要而编制的报表，如产品生产成本表、主要产品单位成本表、制造费用明细表、管理费用明细表等，内部报表的类别、格式及编制方法由企业根据自身需要来定。值得注意的是，对外报送的财务报表除满足外部使用者的决策需求外，对内部管理和控制同样也起着十分重要的作用。

（2）按财务报表编报时间的不同，可以分为年度财务报表和中期财务报表。年度财务报表是以会计年度为时间跨度编制的财务报表，中期财务报表是以短于一个完整会计年度的报告期间为基础编制的财务报表，包括月报、季报和半年报等。年度财务报表至少应当包括资产负债表、利润表、现金流量表、所有者权益变动表及附注，中期财务报表至少应当包括资产负债表、利润表、现金流量表和附注，其中，中期资产负债表、利润表和现金流量表应当是完整报表，其格式和内容应当与年度财务报表相一致，附注披露可适当简略。

（3）按财务报表编报主体的不同，可以分为个别财务报表和合并财务报表。个别财务报表是由企业在自身会计核算基础上对账簿记录进行加工而编制的财务报表，它主要用以反映企业自身的财务状况、经营成果和现金流量情况，其编制依据主要是企业的账簿记录。合并财务报表是以母公司和子公司组成的企业集团为会计主体，根据母公司和所属子公司的财务报表，由母公司编制的综合反映企业集团财务状况、经营成果及现金流量的财务报表，其编制的主要依据是母公司以及子公司的个别财务报表。

此外，财务报表还可以按反映的资金状态、编制单位等进行分类。

三、编制财务报表的基本要求

为了实现财务会计报告的编制目的，最大限度地满足财务会计报告使用者的信息需求，企业编制的财务会计报告应当真实可靠、全面完整、编报及时、便于理解，符合国家统一的企业会计准则的有关规定。

1. 真实可靠

要使会计信息有用，首先它必须真实可靠。如果财务会计报告所提供的会计信息不可靠，就会对使用者产生误导，从而导致使用者发生损失。为此，企业提供的会计信息应力求与会计核算对象的客观事实一致，每项会计记录都要以合法的凭证为依据，不得弄虚作假。真实性既是会计工作的基本要求，也是法律赋予会计工作的强制要求。按《中华人民共和国刑法》、《会计法》和《企业财务会计报告条例》的规定，虚构交易和事项，提供虚假会计信息属于违法行为。

2. 全面完整

虚构交易和事项是违法行为，隐瞒交易和事项也是违法行为。会计信息的完整性同样是法律赋予会计工作的强制要求。企业应当按照有关规定编报财务会计报告，不得漏编漏报，更不得有意隐瞒，力求保证相关信息全面完整，充分披露。只有这样，才能为信息使用者提供决策所需的全部会计信息。

3. 编报及时

企业对于已经发生的交易或者事项，应当及时进行确认、计量和报告，以提高信息的时效性，帮助财务会计报告使用者及时决策。为了保证编报及时，企业平时就应对经济业务及时地进行会计处理，按照规定的时间做好记账、算账和对账工作，做到日清月结，按照规定的期限编制完成财务报告并对外报出，不得延迟，但也不能为赶编报告而提前结账。

4. 便于理解

企业提供的会计信息应当清晰明了，便于财务会计报告使用者理解和使用。对于某些复杂的信息，如交易本身较为复杂或者会计处理较为复杂，但与使用者决策相关的，还应当在财务会计报告中予以充分说明，尽可能是会计信息易于被使用者理解。

5. 公允列报

报表数字是财务报表的核心，企业应当根据实际发生的交易和事项，遵循各项具体会计准则的规定进行确认和计量，并在此基础上编制财务报表。同时不同期间应尽可能做到会计政策选择、会计程序和方法的一贯性，不得随意变更。报表数字不是账簿数字的简单搬家，编表过程实际上是对账簿数字进行分析和重新计算的过程，涉及合并项目、相互抵消、重分类调整等工作。因此，企业在按规定结账后，还必须严格按照企业会计准则规定的报表项目填列要求填列报表项目。

第二节　年底财务会计报告的报送、汇总、合并与审批

一、财务会计报告对外提供前的审核

为保证财务会计报告的质量，在对外提供前需按规定程序进行审核，主要包括财会部门负责人审核财务会计报告的准确性并签名盖章；总会计师或分管会计工作的负责人审核财务会计报告的真实性、完整性、合法合规性，并签名盖章；企业负责人审核财务会计报告整体合法合规性，并签名盖章。财务会计报告审核的内容主要包括：

（1）报表所列金额与账簿记录是否一致；

（2）报表的项目是否填列齐全；

（3）报表的各项数字计算是否正确；

（4）内容是否完整，相关报表之间的有关数字的勾稽关系是否正确与衔接一致；

（5）会计报表的附注是否符合有关要求。

企业应严格按照规定的财务会计报告编制中的审核程序，由各级负责人逐级把关，对财务会计报告内容的真实性、完整性，格式的合法合规性等予以审核。同时企业应保留审核记录，建立责任追究制度。

经审核无误后，对财务会计报表应依次编定页数、加具封面、装订成册、加盖公章。封面应注明企业的名称、地址、主管部门、开业年份、报表所属年度和月份、送出日期等。

二、财务会计报告的报送

一般企业的财务会计报告经完整审核并签名盖章后即可对外提供。上市公司还需经董事会和监事会审批通过后方能对外提供，财务报告应与审计报告一同向投资者、债权人、政府监管部门等报送。

就一般企业来说，应报送的单位有：企业领导、上级主管部门、开户

银行、税务和财政机关、当地统计机关以及其他机关（如股东大会、董事会、上市公司还要公告）。股份有限公司还应向证券交易和证券监督管理机构提供会计报表。

财务会计报告必须由企业领导、总会计师、会计主管人员和制表人员签名盖章后才能报出。单位负责人对财务会计报告的合法性、真实性负法律责任。

企业应根据相关法律法规的要求，在企业相关制度中明确负责财务会计报告对外提供的对象，在相关制度性文件中予以明确并由企业负责人监督。企业应严格遵守相关法律法规和企业会计准则制度对报送时间的要求，在财务会计报告的编制、审核、报送流程中的每一步骤设置时间点，对未能按时及时完成的相关人员进行处罚。企业应设置严格的保密程序，对能够接触财务会计报告信息的人员进行权限设置，保证财务报告信息在对外提供前控制在适当的范围，并对财务会计报告信息的访问情况予以记录，以便了解情况，及时发现可能的泄密行为，在泄密后也易于找到相应的责任人。

三、财务会计报告的合并

为反映母公司和其全部子公司形成的企业集团整体财务状况、经营成果和现金流量，母公司必须编制合并财务报表。与个别财务报表相比，合并财务报表反映的是由母公司和其全部子公司组成的会计主体。合并财务报表是在对纳入合并范围的母公司和其全部子公司的个别财务报表的数据进行加总的基础上，根据其他有关资料，在合并工作底稿中通过编制抵消分录将母公司与子公司、子公司相互之间发生的内部交易对合并财务报表的影响予以抵消，然后按照合并财务报表的项目要求合并个别财务报表的各项目的数据编制。

母公司应当将其全部子公司纳入合并财务报表的合并范围。即，只要是由母公司控制的子公司，不论子公司的规模大小、子公司向母公司转移资金能力是否受到严格限制，也不论子公司的业务性质与母公司或企业集团内其他子公司是否有显著差别，都应当纳入合并财务报表的合并范围。

四、财务会计报告的汇总

国有企业财务会计报告报送上级主管部门后，上级主管部门要将所属单位上报的财务会计报告汇总，编制汇总财务会计报表。汇总财务报表是上级主管部门根据所属单位上报的财务报表汇总编制，用来总括反映所属单位财务状况以及经营成果和现金流量等会计信息的书面文件。在汇编财务报表时，必须先审核后汇总。汇总财务报表的格式和基层单位财务报表的格式基本相同。编制方法是根据所属单位的财务报表和汇编单位本身的财务报表，经过直接汇总、重新计算、相互抵消而填列的。

各级企业主管部门编好汇总财务报表后，应按规定的期限逐级上报，并及时报送同级财政、计划、税务等国家综合部门，以便及时提供国家宏观管理所需的会计信息。

五、会计报表的审批

上级主管部门或总公司、财政、税务和金融部门，对各企业报送的财务会计报告应当认真审核。主要审核财务报表的编制是否符合会计准则和会计制度的有关规定，审查和分析财务报表的指标内容，以便对报送单位的财务活动情况进行监督。在审核过程中，如果发现报表编制有错误或不符合要求，应及时通知原单位进行更正，错误较多的应当重新编报。如果发现有违反法律和财经纪律、弄虚作假的现象，应查明原因，及时纠正，严肃处理。

财务会计报告审核后，要进行批复。年度决算报表除经上级主管部门审核批复外，还应由财政部门审批。企业要认真研究、执行上级主管部门对报表的批复意见，并在账务上作相应处理。如企业上年度已经注销的坏账损失，经上级批复不同意转销，应当转回作为其他应收款继续催收。

第二章　案例

第一节　青青公司上期期末报表

青青公司 2012 年 12 月 31 日的资产负债表（年初余额略）见表 3－2－1：

表 3－2－1　　　　　　　　　资产负债表

编制单位：青青公司　　　　　　2012 年 12 月 31 日　　　　金额单位：人民币元

资产	期末余额	年初余额	负债和股东权益	期末余额	年初余额
流动资产：			流动负债：		
货币资金	219 039 470.49		短期借款	154 826 869.60	
交易性金融资产			交易性金融负债		
应收票据	109 472 666.51		应付票据	99 824 977.40	
应收账款	182 811 369.70		应付账款	81 313 013.53	
预付款项	24 917 138.56		预收款项	428 314.45	
应收利息			应付职工薪酬		
应收股利			应交税费	7 948 800.07	
其他应收款	969 071.30		应付利息		
存货	97 826 135.22		应付股利		
一年内到期的非流动资产			其他应付款	1 234 416.18	

续表

资产	期末余额	年初余额	负债和股东权益	期末余额	年初余额
其他流动资产			一年内到期的非流动负债		
流动资产合计	635 035 851.78		其他流动负债		
非流动资产：			流动负债合计	345 576 391.23	
可供出售金融资产			非流动负债：		
持有至到期投资			长期借款	100 000 000.00	
长期应收款			应付债券		
长期股权投资	3 438 750.00		长期应付款		
投资性房地产			专项应付款		
固定资产	85 990 762.21		预计负债		
在建工程	33 207 967.66		递延所得税负债		
工程物资			其他非流动负债		
固定资产清理			非流动负债合计	100 000 000.00	
生产性生物资产			负债合计	445 576 391.23	
油气资产			股东权益：		
无形资产	13 430 504.29		实收资本（或股本）	60 000 000.00	
开发支出			资本公积	70 905 123.35	
商誉			减：库存股		
长期待摊费用	100 054.17		盈余公积	20 516 357.86	
递延所得税资产	158 119.97		未分配利润	174 364 137.64	
其他非流动资产			股东权益合计	325 785 618.85	
非流动资产合计	136 326 158.30				
资产总计	771 362 010.08		负债和股东权益总计	771 362 010.08	

第二节　青青公司本期科目余额表

青青公司 2013 年 12 月 31 日资产负债类账户余额见表 3－2－2：

表 3－2－2　　　　　　　　**资产负债类账户余额表**　　　　金额单位：人民币元

账户名称	借方余额	账户名称	贷方余额
库存现金	41 867.43	短期借款	158 675 260.62
银行存款	400 287 317.83	交易性金融负债	0
其他货币资金	83 137 006.05	应付票据	193 557 959.19
交易性金融资产	0	应付账款	83 890 164.90
应收票据	167 144 863.61	预收账款	1 283 438.85
应收账款	214 424 186.04	应付职工薪酬	0
坏账准备	－2 087 713.35	应交税费	6 940 758.10
预付账款	46 254 344.25	应付利息	0
其他应收款	971 642.40	其他应付款	1 161 590.62
原材料	58 566 762.41	长期借款	100 000 000.00
包装物	0	实收资本	80 000 000.00
低值易耗品	0	资本公积	356 801 208.35
库存商品	43 361 344.33	盈余公积	25 719 519.03
跌价准备	－293 902.58	未分配利润	219 052 170.82
发出商品	18 958 415.77		
长期股权投资	27 438 750.00		
固定资产	150 282 387.33		
累计折旧	－61 186 661.89		
在建工程	66 276 019.09		
无形资产	14 589 869.00		
累计摊销	－1 459 633.63		
长期待摊费用	0		

账户名称	借方余额	账户名称	贷方余额
递延所得税资产	375 206.39		
合计	1 227 082 070.48	合计	1 227 082 070.48

青青公司 2013 年度损益类账户本年累计发生额见表 3-2-3：

表 3-2-3   **损益类账户 2013 年累计发生额**   金额单位：人民币元

账户名称	借方发生额	贷方发生额
主营业务收入		773 401 576.23
主营业务成本	638 265 266.55	
营业税金及附加	2 286 245.38	
销售费用	13 009 590.07	
管理费用	29 784 540.06	
财务费用	23 259 825.65	
资产减值损失	1 544 864.45	
投资收益		847 308.00
营业外收入		3 310 818.68
营业外支出	0	
所得税费用	11 518 176.40	

第三章　年底财务报表的编制

第一节　资产负债表的编制实务

一、资产负债表的内容和结构

资产负债表是反映企业在某一特定日期财务状况的会计报表。资产负债表主要提供有关企业财务状况方面的信息，即某一特定日期所拥有或控制的经济资源、所承担的现实业务和所有者对净资产的要求。通过资产负债表，可以提供某一日期资产的总额及其结构，表明企业拥有或控制的资源及其分布情况，使用者可以一目了然地从资产负债表上了解企业在某一特定日期所拥有的资产总量及其结构；可以提供某一日期的负债总额及其结构，表明企业未来需要用多少资产或劳务清偿债务以及清偿时间；可以反映所有者所拥有的权益，据以判断资本保值、增值的情况以及对负债的保障程度。

此外，资产负债表还可以提供进行财务分析的基本资料，如将流动资产与流动负债进行比较，计算出流动比率；将资产总额与负债总额进行比较，计算出资产负债率等，可以表明企业的变现能力、偿债能力以及自身周转能力，从而有助于报表使用者作出经济决策。

在我国，资产负债表采用账户式的格式，资产负债表分为左右结构，左边列示资产各项目，反映全部资产的分布及存在形态；右边列示负债和所有者权益各项目，反映全部负债和所有者权益的内容构成情况。资产负债表中的资产各项目的合计等于负债和所有者权益各项目的合计，即资产负债表左方和右方平衡。因此，通过资产负债表，可以反映资产、负债、所有者权益之间的内在关系，即"资产＝负债＋所有者权益"。根据《企业会计准则第30号——财务报表列报》的规定，企业需要提供比较资产负债表，以便报表使用者通过比较不同时点资产负债表的数据，掌握企业财务状况的变动情况及发展趋势。所以，资产负债表还就各项目再分为"年初余额"和"期末余额"两栏分别填列。

二、资产负债表的列报要求

1. 资产的列报

资产是指企业过去的交易或者事项形成的、由企业拥有或者控制的、预期会给企业带来经济利益的资源。资产应当按照流动资产和非流动资产两大类别在资产负债表中列示，在流动资产和非流动资产类别下进一步按性质分项列示。资产满足下列条件之一的，应当归类为流动资产：

（1）预计在一个正常营业周期中变现、出售或耗用。这主要包括存货、应收账款等资产。需要指出的是，变现一般针对应收账款等而言，指将资产变为现金；出售一般针对产品等存货而言；耗用一般指将存货（如原材料）转变成另一种形态（如产成品）。

（2）主要为交易目的而持有。这主要是指根据《企业会计准则第22号——金融工具确认和计量》划分的交易性金融资产。但是并非所有交易性金融资产均为流动资产，比如自报告期日起超过12个月到期且预期持有超过12个月的衍生工具应当划分为非流动资产或非流动负债。

（3）预计在资产负债表日起一年内（含一年）变现。

（4）自资产负债表日起一年内，交换其他资产或清偿负债的能力不受限制的现金或现金等价物。

值得注意的是，判断流动资产、流动负债时所称的一个正常营业周期，是指企业从购买用于加工的资产起至实现现金或现金等价物的期间。正常营业周期通常短于一年，在一年内有几个营业周期。但是，也存在正常营业周期长于一年的情况，如房地产开发企业开发用于出售的房地产开发产品，造船企业制造的用于出售的大型船只等，从购买原材料进入生产，到制造出产品出售并收回现金或现金等价物的过程，往往超过一年，在这种情况下，与生产循环相关的产成品、应收账款、原材料尽管是超过一年才变现、出售或耗用，仍应作为流动资产列示。当正常营业周期不能确定时，应当以一年（12 个月）作为正常营业周期。

　　2. **负债的列报**

　　负债是指企业过去的交易或者事项形成的、预期会导致经济利益流出企业的现时义务。负债应当按照流动负债和非流动负债在资产负债表中进行列示，在流动负债和非流动负债类别下再进一步按性质分项列示。流动负债的判断标准与流动资产的判断标准相类似。负债满足下列条件之一的，应当归类为流动负债：

　　（1）预计在一个正常营业周期中清偿。

　　（2）主要为交易目的而持有。

　　（3）自资产负债表日起一年内到期应予以清偿。

　　（4）企业无权自主地将清偿推迟至资产负债表日后一年以上。

　　值得注意的是，有些流动负债，如应付账款、应付职工薪酬等，属于企业正常营业周期中使用的营运资金的一部分。尽管这些经营性项目有时在资产负债表日后超过一年才到期清偿，但是它们仍应划分为流动负债。

　　流动负债与非流动负债的划分是否正确，直接影响到对企业短期和长期偿债能力的判断，将会误导报表使用者的决策。对于资产负债表日后事项对流动负债与非流动负债划分的影响，需要特别加以考虑。对于在资产负债表日起一年内到期的负债，企业预计能够自主地将清偿义务展期至资产负债表日后一年以上的，应当归类为非流动负债；不能自主地将清偿义务展期的，即使在资产负债表日后、财务报告批准报出日前签订了重新安排清偿计划协议，从资产负债表日来看，此项负债仍应当归类为流动负债。此外，企业在资产负债表日或之前违反了长期借款协议，导致贷款人可随时要求清偿的负债，应当归类为流动负债。这是因为，在这种情况下，债务清偿的主动权并不在企业，企业只能被动地无条件归还贷款，而且该事实在资产负债表日即已存在，所以该负债应当作为流动负债列报。贷款人在资产负债表日或之前同意提供在资产负债表日后一年以上的宽限期，企业能够在此期限内改正违约行为，且贷款人不能要求随时清偿，该项负债应当归类为非流动负债。

3. 所有者权益的列报

所有者权益是企业资产扣除负债后由所有者享有的剩余权益，资产负债表中的所有者权益类一般按照净资产的不同来源和特定用途进行分类，应当按照实收资本（或股本）、资本公积、盈余公积、未分配利润等项目分项列示。

三、资产负债表的填制方法

本表中的"年初余额"栏通常根据上年末有关项目的期末余额填列，且与上年末资产负债表"期末余额"栏相一致。企业在首次执行《企业会计准则》当年，应当对"年初余额"栏及相关项目进行调整；以后期间，如果企业发生了会计政策变更、前期差错更正，应当对"年初余额"栏中的有关项目进行相应调整。此外，如果企业上年度资产负债表规定的项目名称和内容与本年度不一致，应当对上年年末资产负债表相关项目的名称和数字按照本年度的规定进行调整，填入"年初余额"栏。

资产负债表"期末余额"栏的填制方法包括以下内容。

1. 根据某个总账账户的期末余额直接填列

资产负债表中的相当部分项目，都可根据总账账户的期末余额直接填列。一般情况下，资产类项目直接根据其总账账户的借方余额填列，负债类项目直接根据其总账账户的贷方余额填列。"交易性金融资产"、"应收票据"、"工程物资"、"递延所得税资产"、"短期借款"、"交易性金融负债"、"应付票据"、"应付职工薪酬"、"应交税费"、"应付利息"、"应付股利"、"专项应付款"、"预计负债"、"递延所得税负债"、"实收资本（或股本）"、"资本公积"、"库存股"、"盈余公积"等项目，应根据有关总账账户的期末余额直接填列。

值得注意的是，"应交税费"项目，如果账户期末余额为借方，则以"－"号填列。

2. 根据若干总账账户的期末余额分析计算填列

如"货币资金"项目，应根据"库存现金"、"银行存款"、"其他货币资金"三个总账账户期末余额的合计数填列；"其他流动资产"、"其他非流动资产"项目，应根据有关账户的期末余额分析填列。

3. 根据明细账账户的期末余额计算填列

如"预付款项"项目，应根据"预付账款"和"应付账款"账户所属各明细科目的期末借方余额合计数填列；"开发支出"项目，应根据"研发支出"账户中所属的"资本化支出"明细账户的期末余额填列；"应付账款"项目，应根据"应付账款"和"预付账款"账户所属的相关明细账户的期末贷方余额合计数填列；"一年内到期的非流动资产"、"一年内到期的非流动负债"项目，应根据有关非流动资产或负债项目的明细账户余额分析填列；"长期借款"、"应付债券"项目，应分别根据"长期借款"、"应付债券"账户的明细账户余额分析填列；"未分配利润"项目，应根据"利润分配——未分配利润"明细账户的期末余额填列。

4. 根据总账账户和明细账账户的期末余额分析计算填列

"长期借款"项目，应根据"长期借款"总账账户余额扣除"长期借款"账户所属的明细账户中将在资产负债表日起一年内到期、且企业不能自主地将清偿义务展期的长期借款后的金额计算填列；"长期待摊费用"项目，应根据"长期待摊费用"账户的期末余额减去将于一年内（含一年）摊销的数额后的金额填列；"其他非流动负债"项目，应根据有关账户的期末余额减去将于一年内（含一年）到期偿还数后的金额填列。

5. 根据有关账户余额减去其备抵账户余额后的净额填列

"可供出售金融资产"、"持有至到期投资"、"长期股权投资"、"在建工程"、"商誉"项目，应根据相关账户的期末余额填列，已计提减值准备的，还应扣减相应的减值准备；"固定资产"、"无形资产"、"投资性房地产"、"生产性生物资产"、"油气资产"项目，应根据相关账户的期末余额扣减相关的累计折旧（或摊销、折耗）填列，已计提减值准备的，还应扣减相应的减值准备，采用公允价值计量的上述资产，应根据相关账户的期末余额填列；"长期应收款"项目，应根据"长期应收款"账户的期末余额，减去相应的"未实现融资费用"账户和"坏账准备"账户所属相关明细账户期末余额后的金额填列；"长期应付款"项目，应根据"长期应付款"账户的期末余额，减去相应的"未确认融资费用"账户期末余额后的金额填列。

6. 综合运用上述填列方法分析填列

主要包括："应收票据"、"应收利息"、"应收股利"、"其他应收款"项目，应根据相关账户的期末余额，减去"坏账准备"账户中有关坏账准备期末余额后的金额填列；"应收账款"项目，应根据"应收账款"和"预收账款"账户所属各明细账户的期末借方余额合计数，减去"坏账准备"账户中有关应收账款计提的坏账准备期末余额后的金额填列；"存货"项目，应根据"材料采购"、"原材料"、"发出商品"、"库存商品"、"周转材料"、"委托加工物资"、"生产成本"、"受托代销商品"等账户的期末余额合计数，减去"受托代销商品款"、"存货跌价准备"账户期末余额后的金额填列，材料采用计划成本核算以及库存商品采用计划成本核算或售价金额核算的企业，还应按加或减材料成本差异、商品进销差价后的金额填列。

四、资产负债表的编制示例

根据上一章表 3－2－2 所示的青青公司 2013 年 12 月 31 日资产负债类账户余额，编制资产负债表。

根据上列资料编制青青公司 2013 年 12 月 31 日资产负债表，如表 3－3－1 所示。

表 3 - 3 - 1

资产负债表

编制单位：青青公司　　　　　　　2013 年 12 月 31 日

会企 01 表

金额单位：人民币元

资产	期末余额	年初余额	负债和股东权益	期末余额	年初余额
流动资产：			流动负债：		
货币资金	483 466 191.31	219 039 470.49	短期借款	158 675 260.62	154 826 869.60
交易性金融资产			交易性金融负债		
应收票据	167 144 863.61	109 472 666.51	应付票据	193 557 959.19	99 824 977.40
应收账款	212 336 472.69	182 811 369.70	应付账款	83 890 164.90	81 313 013.53
预付款项	46 254 344.25	24 917 138.56	预收款项	1 283 438.85	428 314.45
应收利息			应付职工薪酬		
应收股利			应交税费	6 940 758.10	7 948 800.07
其他应收款	971 642.40	969 071.30	应付利息		
存货	120 592 619.93	97 826 135.22	应付股利		
一年内到期的非流动资产			其他应付款	1 161 590.62	1 234 416.18
其他流动资产			一年内到期的非流动负债		
流动资产合计	1 030 766 134.19	635 035 851.78	其他流动负债		
非流动资产：			流动负债合计	445 509 172.28	345 576 391.23
可供出售金融资产			非流动负债：		

续表

资产	期末余额	年初余额	负债和股东权益	期末余额	年初余额
持有至到期投资			长期借款	100 000 000.00	100 000 000.00
长期应收款			应付债券		
长期股权投资	27 438 750.00	3 438 750.00	长期应付款		
投资性房地产			专项应付款		
固定资产	89 095 725.44	85 990 762.21	预计负债		
在建工程	66 276 019.09	33 207 967.66	递延所得税负债		
工程物资			其他非流动负债		
固定资产清理			非流动负债合计	100 000 000.00	100 000 000.00
生产性生物资产			负债合计	545 509 172.28	445 576 391.23
油气资产			股东权益：		
无形资产	13 130 235.37	13 430 504.29	实收资本（或股本）	80 000 000.00	60 000 000.00
开发支出			资本公积	356 801 208.35	70 905 123.35
商誉			减：库存股		
长期待摊费用	0.00	100 054.17	盈余公积	25 719 519.03	20 516 357.86
递延所得税资产	375 206.39	158 119.97	未分配利润	219 052 170.82	174 364 137.64
其他非流动资产			股东权益合计	681 572 898.20	325 785 618.85
非流动资产合计	196 315 936.29	136 326 158.30			
资产总计	1 227 082 070.08	771 362 010.08	负债和股东权益总计	1 227 082 070.48	771 362 010.08

在表3-3-1中，本表"年初余额"栏内各项数字，根据上年末资产负债表"期末余额"栏内所列数字填列。表中"期末余额"栏内各项目的内容和填列方法如下：

（1）货币资金：反映企业库存现金、银行结算账户存款、外埠存款、银行汇票存款、银行本票存款、信用卡存款、信用证保证金存款等的合计数，应根据"库存现金"、"银行存款"、"其他货币资金"三个总账账户期末余额的合计数填列。在本例中为483 466 191.31元（库存现金41 867.43元、银行存款400 287 317.83元、其他货币资金83 137 006.05元）。

（2）交易性金融资产：反映企业持有的以公允价值计量，且其变动计入当期损益的以交易为目的所持有的债券投资、股票投资、基金投资、权证投资等金融资产，应根据"交易性金融资产"账户的期末余额填列。在本例中为0元。

（3）应收票据：反映企业收到的未到期收款也未向银行贴现的应收票据，包括银行承兑汇票和商业承兑汇票，应根据"应收票据"账户的期末余额填列。在本例中为167 144 863.61元。已向银行贴现和已背书转让的应收票据不包括在本项目内，其中已向银行贴现的商业承兑汇票应在财务报表附注中单独披露。

（4）应收账款：反映企业因销售商品和提供劳务等经营活动而应收取的各种款项，减去已计提的坏账准备后的余额，应根据"应收账款"账户所属各明细账户的期末借方余额合计减去"坏账准备"账户中有关坏账准备期末余额后的净额填列。在本例中"应收账款"借方余额为214 424 186.04元，应收账款计提的坏账准备为2 087 713.35元，故本项目的填列金额为212 336 472.69元。如果"应收账款"账户所属明细账户期末有贷方余额，则应在"预收账款"项目内填列。同样，如果"预收账款"账户所属明细账户期末有借方余额，则应在"应收账款"项目内填列。

（5）预付账款：反映企业按照购货合同规定预付给供货单位的款项

等，应根据"预付账款"和"应付账款"账户所属各明细科目的期末借方余额合计数填列。如果"预付账款"账户所属明细账户期末有贷方余额，则应在"应付账款"项目内填列。在本例中为 46 254 344.25 元。

（6）应收利息：反映企业交易性金融资产、持有至到期投资、可供出售金融资产、发放贷款、存放中央银行款项、拆出资金、买入返售金融资产等应收取的利息，应根据"应收利息"账户的期末余额，减去"坏账准备"账户中有关坏账准备期末余额后的净额填列。在本例中为 0 元。

（7）应收股利：反映企业尚未收回的被投资单位已宣告但未发放的现金股利或利润，应根据"应收股利"账户的期末余额，减去"坏账准备"账户中有关坏账准备期末余额后的净额填列。在本例中为 0 元。

（8）其他应收款：反映企业的其他应收款情况，应根据"其他应收款"账户所属各明细账户的期末借方余额合计，减去相应"坏账准备"账户期末余额后的净额填列。在本例中其他应收款未计提坏账准备，故直接根据"其他应收款"账户期末借方余额 971 642.40 元填列。

（9）存货：反映企业在日常活动中持有以备出售的产成品或商品、处在生产过程中的在产品、在生产过程或提供劳务过程中耗用的材料和物料等的可变现净值，包括各类材料、在产品、半成品、产成品、发出商品以及包装物、低值易耗品、委托代销商品等，应根据"材料采购"、"原材料"、"发出商品"、"库存商品"、"周转材料"、"委托加工物资"、"生产成本"、"受托代销商品"等存货相关账户的期末余额合计数，减去"存货跌价准备"或"商品削价准备"、"代销商品款"账户的期末余额后的净额填列。材料采用计划成本核算，以及库存商品采用计划成本核算或售价金额核算的企业，还应按加或减材料成本差异、商品进销差价后的金额填列。青青公司采用实际成本核算，在本例中，青青公司"原材料"、"库存商品"、"发出商品"账户期末余额分别为 58 566 762.41 元、43 361 344.33 元、18 958 415.77 元，其合计数为 120 886 522.51 元，"存货跌价准备"账户期末贷方余额为 293 902.58元，故"存货"项目应填金额为 120 592 619.93 元。

（10）一年内到期的非流动资产：反映企业将于一年内到期的非流动资产项目金额，应根据"可供出售金融资产"、"持有至到期投资"等有关账户的期末余额中一年内到期的金额填列。在本例中为 0 元。

（11）其他流动资产：反映企业除货币资金、交易性金融资产、应收票据、应收账款、存货等流动资产以外的其他流动资产，应根据与其有关的账户的期末余额填列。如果其他流动资产金额较大的，应在财务报表附注中披露其内容和金额。在本例中为 0 元。

（12）可供出售金融资产：反映企业持有的以公允价值计量的可供出售的股票投资、债券投资等金融资产，应根据"可供出售金融资产"账户的期末余额，减去"可供出售金融资产减值准备"账户期末余额后的净额填列。在本例中为 0 元。

（13）持有至到期投资：反映企业持有至到期日投资的摊余成本，即到期日固定，回收金额固定或可确定，且企业有明确意图和能力持有至到期的非衍生金融资产的摊余成本，应根据"持有至到期投资"账户的期末余额，减去"持有至到期投资减值准备"账户期末余额后的净额填列。在本例中为 0 元。

（14）长期应收款：反映企业的长期应收款项，包括融资租赁产生的应收款项、采用递延方式具有融资租赁性质的商品销售和提供劳务等产生的应收款项，应根据"长期应收款"账户的期末余额，减去相应的"未实现融资收益"账户和"坏账准备"账户所属相关期末余额后的净额填列。在本例中为 0 元。

（15）长期股权投资：反映企业持有的采用成本法和权益法核算的长期股权投资，应根据"长期股权投资"账户账面余额，减去相应"长期股权投资减值准备"账户期末余额后的净额填列。在本例中长期股权投资未计提减值准备，故直接根据"长期股权投资"账户期末借方余额 27 438 750.00 元填列。

（16）投资性房地产：反映企业持有的投资性房地产。采用成本模式计量投资性房地产的，应根据"投资性房地产"账户的期末余额，减去"投资性房地产累计折旧（摊销）"和"投资性房地产减值准备"账户期末余额后的净额填列；采用公允价值模式计量投资性房地产的，应根据"投资性房地产"账户的期末余额填列。在本例中，青青公司无投资性房地产业务，故该项目的金额为 0 元。

（17）固定资产：反映企业持有固定资产的期末账面余额扣减累计折旧、减值准备金额后的期末账面价值。在本例中，"固定资产"账户期末余额为 150 282 387.33 元，"累计折旧"账户的期末贷方余额为 61 186 661.89 元，"固定资产减值准备"账户期末无余额，故"固定资产"填列的金额为 89 095 725.44 元。

（18）在建工程：反映企业尚未达到预定可使用状态的在建工程的成本扣减减值准备后的账面价值，应根据"在建工程"账户的期末余额，减去"在建工程减值准备"账户期末余额后的净额填列。在本例中，"在建工程"账户期末余额为 66 276 019.09 元，未计提减值准备，故"在建工程"填列的金额为 66 276 019.09 元。

（19）工程物资：反映企业尚未使用的各项工程物资的实际成本，应根据"工程物资"账户的期末余额填列。在本例中为 0 元。

（20）固定资产清理：反映企业因出售、毁损、报废等原因转入清理但尚未清理完毕的固定资产净值，以及固定资产清理过程中所发生的清理费用和变价收入等各项金额的差额。在本例中为 0 元。

（21）生产性生物资产：反映企业持有的为产出农产品、提供劳务或出租等目的而持有的生物资产，应根据"生产性生物资产"账户的期末余额，减去"生产性生物资产累计折旧"和"生产性生物资产减值准备"账户期末余额后的净额填列。在本例中为 0 元。

（22）油气资产：反映企业持有的矿区权益和油气井及相关设施的原价减去累计折耗和累计减值准备后的净额，应根据"油气资产"账户期末余额，减去"累计折耗"账户期末余额和相应减值准备后的净额填列。在本例中为 0 元。

（23）无形资产：反映企业持有无形资产的账面价值，包括专利权、非专利技术、商标权、著作权、土地使用权等，应根据"无形资产"账户的期末余额，减去相应的"无形资产减值准备"、"累计摊销"账户期末余额后的净额填列。在本例中，"无形资产"账户期末余额为 14 589 869.00 元，"累计摊销"账户的期末贷方余额为 1 459 633.63 元，"无形资产减值准备"账户期末无余额，故"无形资产"填列的金额为 13 130 235.37 元。

（24）开发支出：反映企业开发无形资产过程中能够资本化形成无形资产成本的支出部分，应根据"研发支出"账户中所属的"资本化支出"明细账户期末余额填列。在本例中为 0 元。

（25）商誉：反映企业合并中形成商誉的价值，应根据"商誉"账户期末余额，减去相应减值准备后的净额填列。在本例中为 0 元。

（26）长期待摊费用：反映企业已经发生但应由本期和以后各期负担的分摊期限在一年以上的各项费用，如租入固定资产改良支出、大修理支出等，应根据"长期待摊费用"账户的期末余额减去将于一年内（含一年）摊销的数额后的金额填列。在本例中已经全部摊销完毕，期末余额为 0 元。

（27）递延所得税资产：反映企业确认的可抵扣暂时性差异产生的递延所得税资产，应根据"递延所得税资产"账户期末余额填列。在本例中为 375 206.39 元。

（28）其他非流动资产：反映企业除以上资产以外的其他长期资产。如该项目金额较大的，应在财务报表附注中披露其内容和金额。在本例中为 0 元。

（29）短期借款：反映企业向银行或其他金融机构等借入的尚未归还的期限在一年以下（含一年）的各种借款，应根据"短期借款"账户期末余额填列。在本例中为 158 675 260.62 元。

（30）交易性金融负债：反映企业承担的以公允价值计量且其变动计入当期损益的以交易为目的所持有的金融负债，应根据"交易性金融负债"账户期末余额填列。在本例中为 0 元。

（31）应付票据：反映企业为了抵付货款等而开具、承兑的尚未到期付款的商业汇票，包括银行承兑汇票和商业承兑汇票，应根据"应付票据"账户的期末余额填列。在本例中为 193 557 959.19 元。

（32）应付账款：反映企业因购买材料、商品和接受劳务等而应付给供应单位的款项，应根据"应付账款"和"预付账款"账户所属的相关明细账户的期末贷方余额合计数填列。在本例中为 83 890 164.90 元。如果"应付账款"账户所属明细账户期末有借方余额，则应在"预付账款"项目内填列。

（33）预收账款：反映企业预收购买单位的款项，应根据"预收账款"账户所属各明细账户的期末贷方余额合计数填列。在本例中为 1 283 438.85元。如果"应收账款"账户所属各明细账户期末有贷方余额的，也应在"预收账款"项目填列，同样，如果"预收账款"账户所属各明细账户期末有借方余额的，则应在"应收账款"项目填列。

（34）应付职工薪酬：反映企业根据有关规定应付给职工的工资、职工福利、社会保险费、住房公积金、工会经费、职工教育经费、非货币性福利、辞退福利等各种薪酬，应根据"应付职工薪酬"科目的期末余额填列。在本例中为 0 元。

（35）应交税费：反映企业按照税法规定计算应缴纳的各种税费，包括增值税、消费税、营业税、所得税、资源税、土地增值税、城市维护建设税、房产税、土地使用税、车船税、教育费附加、矿产资源补偿费等，应根据"应交税费"账户的期末贷方余额填列。如期末为借方余额，应以"－"号填列。在本例中为 6 940 758.10 元。

（36）应付利息：企业根据"应付利息"账户的期末余额填列。在本例中为 0 元。

（37）应付股利：反映企业根据股东大会或类似机构审议批准的利润分配方案应付未付的现金股利或利润，应根据"应付股利"账户期末余额填列。在本例中为 0 元。

（38）其他应付款：反映企业应付、暂收的款项，应根据"其他应付款"账户期末贷方余额填列。在本例中为 1 161 590.62 元。

（39）一年内到期的非流动负债：反映企业将于一年内到期的非流动负债项目金额，应根据"长期借款"、"应付债券"等有关账户的期末余额中一年内到期的金额填列。在本例中为 0 元。

（40）其他流动负债：反映未包括在短期借款、交易性金融负债、应付票据、应付账款及预收账款、应付职工薪酬、应交税费、应付利息、应付股利、其他应付款、一年内到期的非流动负债内的流动负债，含短期融资券。在本例中为 0 元。

（41）长期借款：反映企业借入尚未归还的一年期以上（不含一年）的借款本息，应根据"长期借款"总账账户余额扣除"长期借款"账户所属的明细账户中将在资产负债表日起一年内到期、且企业不能自主地将清偿义务展期的长期借款后的金额计算填列。在本例中为 100 000 000.00 元。如果有一部分长期借款将在资产负债表日起一年内到期的，则应注意将其在"一年内到期的非流动负债"项目填列。

（42）长期应付款：反映企业除长期借款和应付债券以外的其他各种长期应付款，应根据"长期应付款"账户余额，减去"未确认融资费用"账户期末余额后的净额填列。在本例中为 0 元。

（43）专项应付款：反映企业取得政府作为企业所有者投入的具有专项或特定用途的款项，应根据"专项应付款"科目的期末余额填列。在本例中为 0 元。

（44）预计负债：反映企业各项预计的负债，包括对外提供担保、商业承兑票据贴现、未决诉讼、产品质量保证、重组义务、亏损合同等，应根据"预计负债"账户期末余额填列。在本例中为 0 元。

（45）递延所得税负债：反映企业确认的应纳税暂时性差异产生的递延所得税负债，应根据"递延所得税负债"账户期末余额填列。在本例中为 0 元。

（46）实收资本（股本）：反映企业各投资者实际投入的资本（或股本）总额，应根据"实收资本"账户的期末余额填列。在本例中为80 000 000.00元。

（47）资本公积：反映企业资本公积的期末余额，应根据"资本公积"账户的期末余额填列。在本例中为356 801 208.35元。

（48）库存股：反映企业持有尚未转让或注销的本企业股份金额，应根据"库存股"账户期末余额分析填列。在本例中为0元。

（49）盈余公积：反映企业盈余公积的期末余额，应根据"盈余公积"账户的期末余额填列。在本例中为25 719 519.03元。

（50）未分配利润：反映尚未分配的利润，应根据"利润分配——未分配利润"账户的期末余额填列。在本例中为219 052 170.82元。如果是未弥补的亏损，在本项目内以"—"填列。

第二节　利润表的编制实务

一、利润表的内容和结构

利润表是反映企业在一定会计期间的经营成果的会计报表。利润表的列报必须充分反映企业经营业绩的主要来源和构成，有助于使用者判断净利润的质量及其风险，有助于使用者预测净利润的持续性，从而做出正确的决策。通过利润表，可以反映企业一定会计期间收入的实现情况，如实现的营业收入有多少、实现的投资收益有多少、实现的营业外收入有多少，等等；可以反映一定会计期间的费用耗费情况，如耗费的营业成本有多少、营业税金及附加有多少及销售费用、管理费用、财务费用各有多少、营业外支出有多少，等等；可以反映企业生产经营活动的成果，即净利润的实现情况，据以判断资本保值、增值等情况。将利润表中的信息与资产负债表中的信息相结合，还可以提供进行财务分析的基本资料，如计算出应收账款周转率、存货周转率、资产收益率等，可以反映企业资金周转情况及企业的盈利能力和水平，便于报表使用者判断企业未来的发展趋势，做出经济决策。

在我国，企业编制的利润表应当采用多步式结构，将不同性质的收入和费用类进行对比，从而可以得出一些中间性的利润数据，便于使用者理解企业经营成果的不同来源。企业可以分如下三个步骤编制利润表：

第一步，以营业收入为基础，减去营业成本、营业税金及附加、销售费用、管理费用、财务费用、资产减值损失，加上公允价值变动收益（减去公允价值变动损失）和投资收益（减去投资损失），计算出营业利润；

第二步，以营业利润为基础，加上营业外收入，减去营业外支出，计算出利润总额；

第三步，以利润总额为基础，减去所得税费用，计算出净利润（或净亏损）。

普通股或潜在普通股已公开交易的企业，以及正处于公开发行普通股或潜在普通股过程中的企业，还应当在利润表中列示每股收益信息。

此外，为使报表使用者通过比较不同期间利润的实现情况，判断企业经营成果的未来发展趋势，企业需要提供比较利润表，利润表还就各项目再分为"本期金额"和"上期金额"两栏分别填列。利润表的具体格式见表 3－3－2。

二、利润表的编制方法

1. 利润表"上期金额"栏的填列方法

利润表"上期金额"栏应根据上年该期利润表"本期金额"栏内所列数字填列。如果上年该期利润表规定的各个项目的名称和内容同本期不相一致，应对上年该期利润表各项目的名称和数字按本期的规定进行调整，填入"上期金额"栏内。

2. 利润表"本期金额"栏的填列方法

利润表"本期金额"栏根据"营业收入"、"营业成本"、"营业税金及附加"、"销售费用"、"管理费用"、"财务费用"、"资产减值损失"、"公允价值变动收益"、"营业外收入"、"营业外支出"、"所得税费用"等损益类账户的发生额分析填列。其中，"营业利润"、"利润总额"、"净利润"项目根据本表中相关项目计算填列。

三、利润表的编制示例

根据上一章表 3－2－3 所示的青青公司 2013 年度损益类账户累计发生额，编制利润表。

根据上列资料编制青青公司 2013 年度利润表，如表 3－3－2 所示。

表 3－3－2　　　　　　　　　　　　利润表

会企 02 表

编制单位：青青公司　　　　　　　2013 年度　　　　　　金额单位：人民币元

项目	本期金额	上期金额（略）
一、营业收入	773 401 576.23	
减：营业成本	638 265 266.55	
营业税金及附加	2 286 245.38	
销售费用	13 009 590.07	
管理费用	29 784 540.06	
财务费用	23 259 825.65	
资产减值损失	1 544 864.45	
加：公允价值变动收益（损失以"－"号填列）	0	
投资收益（损失以"－"号填列）	847 308.00	
二、营业利润（亏损以"－"号填列）	66 098 552.07	
加：营业外收入	3 310 818.68	
减：营业外支出	0	
三、利润总额（亏损总额以"－"号填列）	69 409 370.75	
减：所得税费用	11 518 176.40	
四、净利润（净亏损以"－"号填列）	57 891 194.35	
五、每股收益：	—	—
基本每股收益		
稀释每股收益		

表3－3－2利润表中各项目内容及"本期金额"栏的填列方法如下：

（1）营业收入：反映企业经营主要业务和其他业务所确认的收入总额，应根据"主营业务收入"和"其他业务收入"账户的发生额分析填列。在本例中，"主营业务收入"和"其他业务收入"账户的净发生额分别为773 401 576.23元和0元，故本项目的填列金额为773 401 576.23元。

（2）营业成本：反映企业经营主要业务和其他业务所确认的成本总额，应根据"主营业务成本"和"其他业务成本"账户的发生额分析填列。在本例中，"主营业务成本"和"其他业务成本"账户的净发生额分别为638 265 266.55元和0元，故本项目的填列金额为638 265 266.55元。

（3）营业税金及附加：反映企业经营主要业务和其他业务所负担的消费税、营业税、城市维护建设税、资源税、土地增值税、教育费附加等，应根据"营业税金及附加"账户的发生额填列。在本例中，"营业税金及附加"账户的净发生额为2 286 245.38元，故本项目的填列金额为2 286 245.38元。

（4）销售费用：反映企业在销售过程中发生的包装费、广告费等相关费用，以及专设销售机构的职工薪酬、业务费等经营费用，应根据"销售费用"账户的发生额分析填列。在本例中，"销售费用"账户的净发生额为13 009 590.07元，故本项目的填列金额为13 009 590.07元。

（5）管理费用：反映企业为组织和管理生产经营而发生的各项费用，应根据"管理费用"账户的发生额分析填列。在本例中，"管理费用"账户的净发生额为29 784 540.06元，故本项目的填列金额为29 784 540.06元。

（6）财务费用：反映企业为筹集生产经营所需资金等发生的费用，包括利息净支出、汇兑净损失、银行手续费等，应根据"财务费用"账户的发生额分析填列。在本例中，"财务费用"账户的净发生额为23 259 825.65元，故本项目的填列金额为23 259 825.65元。

（7）资产减值损失：反映企业计提资产减值准备所形成的各项减值损失，应根据"资产减值损失"账户发生额分析填列。在本例中，"资产减值损失"账户的净发生额为1 544 864.45元，故本项目的填列金额为

1 544 864.45元。

（8）公允价值变动收益：反映企业应当计入当期损益的资产或负债公允价值变动收益，应根据"公允价值变动损益"账户的发生额分析填列，如为净损失以"－"号填列。在本例中，青青公司未发生公允价值变动损益，故本项目的填列金额为0元。

（9）投资收益：反映企业以各种方式对外投资所取得的收益，应根据"投资收益"账户的发生额分析填列。如为投资损失以"－"号填列。在本例中，"投资收益"账户的净发生额为847 308.00元，故本项目的填列金额为847 308.00元。

（10）营业利润：反映企业实现的营业利润，根据本表中上述项目金额计算填列。如为亏损，本项目以"－"号填列。在本例中，青青公司的营业利润为66 098 552.07元。

（11）营业外收入：反映企业发生的与生产经营业务无直接关系，但构成本年利润总额的利得，应根据"营业外收入"账户的发生额分析填列，包括非流动资产处置利得、非货币性资产交换利得、债务重组利得、政府补助、盘盈利得、捐赠利得等。在本例中，"营业外收入"账户的净发生额为3 310 818.68元，故本项目的填列金额为3 310 818.68元。

（12）营业外支出：反映企业发生的与生产经营活动无直接关系，但应从本年实现的利润总额中扣除的损失，应根据"营业外支出"账户的发生额分析填列，包括非流动资产处置损失、非货币性资产交换损失、债务重组损失、公益性捐赠支出、非常损失、盘亏损失等。在本例中，青青公司未发生营业外支出，故本项目的填列金额为0元。

（13）利润总额：反映企业实现的利润总额，由营业利润加上营业外收入，减去营业外支出计算填列。如为亏损，本项目以"－"号填列。在本例中，青青公司的利润总额为69 409 370.75元。

（14）所得税费用：反映企业应从当期利润总额中扣除的所得税费用，包括当期所得税和递延所得税两个部分，应根据"所得税费用"账户的发生额分析填列。在本例中,青青公司的所得税费用为 11 518 176.40 元。

(15) 净利润:反映企业实现的净利润,由利润总额减去所得税费用计算填列。如为亏损,本项目以"一"号填列。在本例中,青青公司的净利润为 57 891 194.35 元。

(16) 每股收益:反映普通股股东每持有一股所能享有的企业利润或承担的亏损,包括基本每股收益和稀释每股收益。仅由普通股或潜在普通股已公开交易的企业,以及正处于公开发行普通股或潜在普通股过程中的企业填列。

基本每股收益:反映股份有限公司仅考虑当期实际发行在外的普通股股份计算的每股收益,按照归属于普通股股东的当期净利润,除以当期实际发行在外普通股的加权平均数计算确定。

稀释每股收益:反映股份有限公司以基本每股收益为基础,假设企业所有发行在外的稀释性潜在普通股均已转换为普通股,从而分别调整归属于普通股股东的当期净利润以及发行在外普通股的加权平均数而计算的每股收益。

第三节 现金流量表的编制实务

一、现金流量表的内容和结构

现金流量表,是反映企业一定会计期间现金和现金等价物流入和流出的报表。从编制原则上看,现金流量表按照收付实现制原则编制,将权责发生制下的盈利信息调整为收付实现制

编制现金流量表的主要目的,是为财务报表使用者提供企业一定会计期间内现金和现金等价物流入和流出的信息,以便于财务报表使用者了解和评价企业获取现金和现金等价物的能力,并据以预测企业未来现金流量。现金流量表的作用主要体现在以下几个方面:一是有助于评价企业支付能力、偿债能力和周转能力;二是有助于预测企业未来现金流量;三是

有助于分析企业收益质量及影响现金净流量的因素，掌握企业经营活动、投资活动和筹资活动的现金流量，可以从现金流量的角度了解净利润的质量，为分析和判断企业的财务前景提供信息。

需要注意的是，现金流量表中的"现金"有其特定的含义，通常包括现金和现金等价物。现金是指企业库存现金以及可以随时用于支付的存款，具体包括"库存现金"账户核算的库存现金，"银行存款"账户核算的企业存入金融机构、可以随时用于支取的存款以及"其他货币资金"账户核算的存放在金融机构的外埠存款、银行汇票存款、银行本票存款、信用卡存款、信用证保证金存款和存出投资款等其他货币资金。需要注意的是，银行存款和其他货币资金中有些不能随时用于支付的存款，如不能随时支取的定期存款等，不应作为现金，而应列作投资；提前通知金融企业便可支取的定期存款，则应包括在现金范围内。现金等价物是指企业持有的期限短、流动性强、易于转换为已知金额现金、价值变动风险很小的投资。现金等价物虽然不是现金，但其支付能力与现金的差别不大，可视为现金。例如，企业为保证支付能力，手持必要的现金，为了不使现金闲置，可以购买短期债券，在需要现金时，随时可以变现。一项投资属于现金等价物必须同时具备四个条件：期限短（一般指从购买日起3个月内到期）、流动性强、易于转换为已知金额的现金、价值变动风险很小。

现金流量是指企业一定时期的现金和现金等价物的流入和流出的金额。在现金流量表中，现金及现金等价物被视为一个整体，企业现金（含现金等价物，下同）形式的转换不会产生现金的流入和流出。例如，企业从银行提取现金，是企业现金存放形式的转换，并未流出企业，不构成现金流量。同样，现金与现金等价物之间的转换也不属于现金流量，例如，企业用现金购买3个月内到期的国库券。根据企业业务活动的性质和现金流量的来源，现金流量表在结构上将企业一定期间产生的现金流量分为三类：经营活动产生的现金流量、投资活动产生的现金流量和筹资活动产生的现金流量。现金流量表的具体格式见表3－3－3。

二、现金流量表的列示

现金流量表的项目主要有：经营活动产生的现金流量、投资活动产生的现金流量、筹资活动产生的现金流量、汇率变动对现金及现金等价物的影响、现金及现金等价物净增加额、期末现金及现金等价物余额等项目。

1. 经营活动产生的现金流量

经营活动是指企业投资活动和筹资活动以外的所有交易和事项。各类企业由于行业特点不同，对经营活动的认定存在一定差异。对于工商企业而言，经营活动主要包括销售商品、提供劳务、购买商品、接受劳务、支付税费等。对于商业银行而言，经营活动主要包括吸收存款、发放贷款、同业存放、同业拆借等。对于保险公司而言，经营活动主要包括原保险业务和再保险业务等。对于证券公司而言，经营活动主要包括自营证券、代理承销证券、代理兑付证券、代理买卖证券等。

企业应当采用直接法列示经营活动产生的现金流量。直接法，是指通过现金收入和现金支出的主要类别列示企业经营活动的现金流量，如销售商品、提供劳务收到的现金；购买商品、接受劳务支付的现金等就是按现金收入和支出的类别直接反映的。

2. 投资活动产生的现金流量

投资活动是指企业长期资产的购建和不包括在现金等价物范围内的投资及其处置活动。长期资产是指固定资产、无形资产、在建工程、其他资产等持有期限在一年或一个营业周期以上的资产。这里所讲的投资活动，既包括实物资产投资，也包括非实物资产投资。这里之所以将"包括在现金等价物范围内的投资"排除在投资活动外，是因为已经将包括在现金等价物范围内的投资视同现金。不同企业由于行业特点不同，对投资活动的认定也存在差异。例如，交易性金融资产产生的现金流量，对于工商企业而言，属于投资活动现金流量，而对于证券公司而言，属于经营活动产生的现金流量。

3. 筹资活动产生的现金流量

筹资活动是指导致企业资本及债务规模和构成发生变化的活动。这里所说的资本，既包括实收资本（股本），也包括资本溢价（股本溢价）；这里所说的债务，指对外举债，包括向银行借款、发行债券以及偿还债务等。通常情况下，应付账款、应付票据等属于经营活动，不属于筹资活动。

对于企业日常活动之外特殊的、不经常发生的特殊项目，如自然灾害损失、保险赔款、捐赠等，应当归并到相关类别中，并单独反映。比如，对于自然灾害损失和保险赔款，如果能够确指属于流动资产损失，应当列入经营活动产生的现金流量；属于固定资产损失，应当列入投资活动产生的现金流量。如果不能确指，则可以列入经营活动产生的现金流量。捐赠收入和支出，可以列入经营活动。

4. 汇率变动对现金及现金等价物的影响

编制现金流量表时，应当将外币现金流量以及境外子公司的现金流量折算成记账本位币。外币现金流量以及境外子公司的现金流量，应当采用现金流量发生日的即期汇率或即期汇率的近似汇率折算。汇率变动对现金的影响额应当作为调节项目，在现金流量表中单独列报。

汇率变动对现金的影响，指企业外币现金流量及境外子公司的现金流量折算成记账本位币时，所采用的是现金流量发生日的汇率或即期汇率的近似汇率，而现金流量表"现金及现金等价物净增加额"项目中外币现金净增加额是按资产负债表日的即期汇率折算。这两者的差额即为汇率变动对现金的影响。

在编制现金流量表时，对当期发生的外币业务，也可不必逐笔计算汇率变动对现金的影响，可以通过现金流量表补充资料中"现金及现金等价物净增加额"数额与现金流量表中"经营活动产生的现金流量净额"、"投资活动产生的现金流量净额"、"筹资活动产生的现金流量净额"三项之和比较，其差额即为"汇率变动对现金的影响额"。

5. 现金流量表补充资料

除现金流量表反映的信息外，企业还应当采用间接法在附注中披露将净利润调节为经营活动现金流量的信息。现金流量表补充资料包括将净利润调节为经营活动现金流量、不涉及现金收支的重大投资和筹资活动、现金及现金等价物净变动情况等项目。

（1）将净利润调节为经营活动现金流量。现金流量表采用直接法反映经营活动产生的现金流量，同时，企业还应采用间接法反映经营活动产生的现金流量。间接法，是指以净利润为起算点，调整不涉及现金的收入、费用、营业外收支等有关项目，剔除投资活动、筹资活动对现金流量的影响，据此计算出经营活动产生的现金流量。

采用间接法反映经营活动产生的现金流量时，需要对四大类项目进行调整：①实际没有支付现金的费用；②实际没有收到现金的收益；③不属于经营活动的损益；④经营性应收应付项目的增减变动。

（2）不涉及现金收支的重大投资和筹资活动的披露。不涉及现金收支的重大投资和筹资活动，反映企业一定期间内影响资产或负债但不形成该期现金收支的所有投资和筹资活动的信息。这些投资和筹资活动虽然不涉当期现金收支，但对以后各期的现金流量有重大影响。例如，企业融资租入设备，将形成的负债计入"长期应付款"账户，当期并不支付设备款及租金，但以后各期必须为此支付现金，从而在一定期间内形成了一项固定的现金支出。

企业应当在附注中披露不涉及当期现金收支、但影响企业财务状况或在未来可能影响企业现金流量的重大投资和筹资活动，主要包括：①债务转为资本，反映企业本期转为资本的债务金额；②一年内到期的可转换公司债券，反映企业一年内到期的可转换公司债券的本息；③融资租入固定资产，反映企业本期融资租入的固定资产。

（3）现金和现金等价物有关信息。企业应当在附注中披露与现金和现金等价物有关的下列信息：①现金和现金等价物的构成及其在资产负债表中的相应金额；②企业持有但不能由母公司或集团内其他子公司使用的大额现金和现金等价物金额。

三、现金流量表的编制方法

1. 直接法和间接法

编制现金流量表时，列报经营活动现金流量的方法有两种：一是直接法，二是间接法。在直接法下，一般是以利润表中的营业收入为起算点，调节与经营活动有关的项目的增减变动，然后计算出经营活动产生的现金流量。在间接法下，实际上就是将按权责发生制原则确定的净利润调整为现金净流入，并剔除投资活动和筹资活动对现金流量的影响。

采用直接法编报的现金流量表，便于分析企业经营活动产生的现金流量的来源和用途，预测企业现金流量的未来前景；采用间接法编报现金流量表，便于将净利润与经营活动产生的现金流量净额进行比较，了解净利润与经营活动产生的现金流量差异的原因，从现金流量的角度分析净利润的质量。所以，企业应当采用直接法编报现金流量表，同时要求在附注中提供以净利润为基础调节到经营活动现金流量的信息。

2. **工作底稿法、T型账户法和分析填列法**

在具体编制现金流量表时，可以采用工作底稿法或 T 型账户法，也可以根据有关账户记录分析填列。

（1）工作底稿法。采用工作底稿法编制现金流量表，是以工作底稿为手段，以资产负债表和利润表数据为基础，对每一项目进行分析并编制调整分录，从而编制现金流量表。工作底稿法的程序是：

第一步，将资产负债表的期初数和期末数过入工作底稿的期初数栏和期末数栏。

第二步，对当期业务进行分析并编制调整分录。编制调整分录时，要以利润表项目为基础从"营业收入"开始，结合资产负债表项目逐一进行分析。在调整分录中，有关现金和现金等价物的事项，并不直接借记或贷记现金，而是分别计入"经营活动产生的现金流量"、"投资活动产生的现金流量"、"筹资活动产生的现金流量"有关项目，借记表示现金流入，贷记表示现金流出。

第三步，将调整分录过入工作底稿中的相应部分。

第四步，核对调整分录，借方、贷方合计数均已经相等，资产负债表项目期初数加减调整分录中的借贷金额以后，也等于期末数。

第五步，根据工作底稿中的现金流量表项目部分编制正式的现金流量表。

（2）T型账户法。采用T型账户法编制现金流量表，是以T型账户为手段，以资产负债表和利润表数据为基础，对每一项目进行分析并编制调整分录，从而编制现金流量表。T型账户法的程序是：

第一步，为所有的非现金项目（包括资产负债表项目和利润表项目）分别开设T型账户，并将各自的期末期初变动数过入各相关账户。如果项目的期末数大于期初数，则将差额过入和项目余额相同的方向；反之，过入相反的方向。

第二步，开设一个大的"现金及现金等价物"T型账户，每边分为经营活动、投资活动和筹资活动三个部分，左边记现金流入，右边记现金流出。与其他账户一样，过入期末期初变动数。

第三步，以利润表项目为基础，结合资产负债表分析每一个非现金项目的增减变动，并据此编制调整分录。

第四步，将调整分录过入各T型账户，并进行核对，该账户借贷相抵后的余额与原先过入的期末期初变动数应当一致。

第五步，根据大的"现金及现金等价物"T型账户编制正式的现金流量表。

（3）分析填列法。分析填列法是直接根据资产负债表、利润表和有关明细账的记录，分析计算出现金流量表各项目的金额，并据此编制现金流量表的一种方法。

四、现金流量表的编制示例

沿用例3-3-1、例3-3-2的资料，青青公司的其他相关资料如下：

1. 资产负债表有关项目的明细资料如下

（1）货币资金中其他货币资金期末余额83 137 006.05元，其中3个月以后到期的银行承兑汇票保证金69 063 123.55元、信用证保证金

5 073 882.50元、用于担保的存款 9 000 000.00 元。货币资金中其他货币资金年初余额48 722 267.64 元，其中3 个月以后到期的银行承兑汇票保证金38 190 267.64 元、信用证保证金 1 532 000.00 元、用于担保的存款9 000 000.00元。

（2）存货中生产成本、制造费用的组成：职工薪酬 9 688 317.55 元，折旧费 9 570 453.23 元。

（3）本期用现金新增长期股权投资 24 000 000.00 元。

（4）本期用现金购买固定资产 14 588 987.32 元，支付在建工程款33 068 051.43元。

（5）本期用现金偿还短期借款 184 091 385.08 元，借入短期借款187 939 776.10元。

（6）应交税费的组成：本期增值税进项税额 107 656 406.70 元，销项税额 128 184 818.33 元，已交增值税 21 283 468.14 元；应交所得税、城市维护建设税、教育附加费期末余额为 2 486 933.86 元，应交所得税、城市维护建设税、教育附加费年初余额为 2 954 391.79 元。

（7）本年度向社会公开发行人民币普通股 2 000 万股，每股面值 1 元，每股发行价 17 元，募集资金总额 340 000 000.00 元，扣除发行费用34 103 915.00元（其中支付的佣金等发行费用 20 600 000.00 元，支付的审计、咨询等费用 13 503 915.00 元），实际募集资金净额为 305 896 085.00 元。

2.2013 年度利润表有关项目的明细资料

（1）销售费用的组成：职工薪酬 736 565.64 元，运输费、业务招待费等费用 12 273 024.43 元。

（2）管理费用的组成：职工薪酬 11 760 030.35 元，折旧费1 886 741.13元，税金 1 415 699.20 元，无形资产摊销 300 268.92 元，长期待摊费用摊销100 054.17 元，业务招待费等其他费用 14 321 746.29 元。

（3）财务费用的组成：计提借款利息 24 362 087.34 元，收到存款利息－2 867 468.10 元，汇兑损益－79 549.24 元（其中货币资金发生的汇兑损益－32 598.66 元，应收账款本期发生的汇兑损益－44 336.58 元，应收账款期末折算发生的汇兑损益－2 614.00 元），手续费 1 844 755.65 元。

（4）资产减值损失的组成：计提坏账准备 1 250 961.87 元，计提存货跌价准备 293 902.58 元。上年年末坏账准备余额为 836 751.48 元。

（5）投资收益的组成：成本法核算的长期股权投资收益 847 308.00 元。

（6）营业外收入的组成：固定资产处置利得 26 854.68 元（其所处置固定资产原价为 101 466.00 元，累计折旧为 74 636.27 元，收到处置净收入 53 684.41 元），政府补助 3 283 964.00 元。

（7）所得税费用的组成：当期所得税费用 11 735 262.82 元，递延所得税调整－217 086.42 元。

此外，青青公司本年向投资者分配 8 000 000.00 元。

根据上列资料，采用分析填列法，编制青青公司 2013 年度现金流量表（如表 3－3－3 所示）以及补充资料（如表 3－3－4 所示）。

表 3－3－3　　　　　　　　　　　　现金流量表

会企 03 表

编制单位：青青公司　　　　　　2013 年度　　　　　　金额单位人民币元

项目	本期金额	上期金额（略）
一、经营活动产生的现金流量：		
销售商品、提供劳务收到的现金	814 037 593.61	
收到的税费返还		
收到的其他与经营活动有关的现金	6 151 432.10	
经营活动现金流入小计	820 189 025.71	
购买商品、接收劳务支付的现金	674 750 362.27	
支付给职工以及为职工支付的现金	22 184 913.54	
支付的各项税费	36 971 047.05	
支付的其他与经营活动有关的现金	28 514 923.03	
经营活动产生的现金流出小计	762 421 245.89	

续表

项目	本期金额	上期金额（略）
经营活动产生的现金流量净额	57 767 779.82	
二、投资活动产生的现金流量：		
收回投资所收到的现金		
取得投资收益所收到的现金	847 308.00	
处置固定资产、无形资产和其他长期资产所收回的现金净额	53 684.41	
处置子公司及其他经营单位收回的现金净额		
收到的其他与投资活动有关的现金		
投资活动现金流入小计	900 992.41	
购建固定资产、无形资产和其他长期资产所支付的现金	47 657 038.75	
投资支付的现金	24 000 000.00	
取得子公司及其他营业单位支付的现金净额		
支付的其他与投资活动有关的现金		
投资活动现金流出小计	71 657 038.75	
投资活动产生的现金流量净额	−70 756 046.34	
三、筹资活动产生的现金流量：		
吸收投资所收到的现金	319 400 000.00	
其中：子公司吸收少数股东投资收到的现金		
取得借款所收到的现金	187 939 776.10	
收到的其他与筹资活动有关的现金	48 722 267.64	
筹资活动现金流入小计	556 062 043.74	
偿还债务所支付的现金	184 091 385.08	
分配股利、利润或偿付利息所支付的现金	32 362 087.34	
其中：子公司支付给少数股东的股利、利润		

续表

项目	本期金额	上期金额（略）
支付的其他与筹资活动有关的现金	96 640 921.05	
筹资活动现金流出小计	313 094 393.47	
筹资活动产生的现金流量净额	242 967 650.27	
四、汇率变动对现金及现金等价物的影响	32 598.66	
五、现金及现金等价物净增加额	230 011 982.41	
加：期初现金及现金等价物余额	170 317 202.85	
六、期末现金及现金等价物余额	400 329 185.26	

表 3－3－4　　　　　　　　现金流量表补充资料

补充资料	本期金额	上期金额（略）
1. 将净利润调节为经营活动现金流量：		
净利润	57 891 194.35	
加:资产减值准备	1 544 864.45	
固定资产折旧、油气资产折耗、生产性生物资产折旧	11 457 194.36	
无形资产摊销	300 268.92	
长期待摊费用摊销	100 054.17	
处置固定资产、无形资产和其他长期资产的损失（收益以"－"号填列）	－26854.68	
财务费用（收益以"－"号填列）	24 329 488.68	
投资损失（收益以"－"号填列）	－847 308.00	
递延所得税资产减少（增加以"－"号填列）	－217 086.42	
存货的减少（增加以"－"号填列）	－23 060 387.29	
经营性应收项目的减少（增加以"－"号填列）	－109 788 038.75	
经营性应付项目的增加（减少以"－"号填列）	96 084 390.03	
经营活动产生的现金流量净额	57 767 779.82	

续表

补充资料	本期金额	上期金额（略）
2. 不涉及现金收支的重大投资和筹资活动：		
3. 现金及现金等价物净变动情况：		
加：现金及现金等价物的期末余额	400 329 185.26	
减：现金及现金等价物的期初余额	170 317 202.85	
现金及现金等价物净增加额	230 011 982.41	

表 3－3－3 现金流量表中各项目内容及"本期金额"栏的填列方法如下：

（1）销售商品、提供劳务收到的现金：反映企业销售商品、提供劳务实际收到的现金（含销售收入和应向购买者收取的增值税额），包括本期销售商品、提供劳务收到的现金，以及前期销售和前期提供劳务本期收到的现金和本期预收的账款，减去本期退回本期销售的商品和前期销售本期退回的商品支付的现金。企业销售材料和代购代销业务收到的现金也在本项目反映。本项目可根据"库存现金"、"银行存款"、"应收账款"、"应收票据"、"预收账款"、"主营业务收入"、"其他业务收入"等科目的记录分析填列。在本例中，销售商品、提供劳务收到的现金 ＝ 主营业务收入 ＋ 应交税费（应交增值税——销项税额）＋（应收票据年初余额－应收票据期末余额）＋（应收账款年初余额－应收账款期末余额）－（预收账款年初余额－预收账款期末余额）－当期计提的坏账准备 － 应收账款本期发生汇兑损益 ＝ 773 401 576.23 ＋ 128 184 818.33 ＋（109 472 666.51－167 144 863.61）＋（182 811 369.70－212 336 472.69）－（428 314.45－1 283 438.85）－ 1 250 961.87 － （－44 336.58）＝ 814 037 593.61（元）。

（2）收到的税费返还：反映企业收到返还的各种税费，如收到的增值税、消费税、营业税、所得税、教育费附加返还等。本项目可根据

"库存现金"、"银行存款"、"营业税金及附加"、"营业外收入"、"补贴收入"、"其他应收款"、"应收补贴款"等科目的记录分析填列。在本例中为 0 元。

（3）收到其他与经营活动有关的现金：反映企业除上述各项目外，收到的其他与经营活动有关的现金，如罚款收入、流动资产损失中由个人赔偿的现金收入等。其他现金流入如价值较大的，应在报表附注中披露。本项目可根据"库存现金"、"银行存款"、"营业外收入"等科目的记录分析填列。在本例中，收到其他与经营活动有关的现金＝营业外收入中的政府补助＋存款利息收入＝3 283 964.00＋2 867 468.10＝6 151 432.10（元）。

（4）购买商品、接受劳务支付的现金：反映企业购买材料、商品、接受劳务实际支付的现金，包括本期购入材料、商品、接受劳务支付的现金（包括增值税进项税额）以及本期支付前期购入商品、接受劳务的未付款项和本期预付款项。本期发生的购货退回收到的现金应从本项目中扣除。本项目可根据"库存现金"、"银行存款"、"应付账款"、"应付票据"、"预付账款"、"主营业务成本"、"其他业务成本"等科目的记录分析填列。在本例中，购买商品、接受劳务支付的现金 ＝ 主营业务成本 ＋ 应交税费（应交增值税——进项税额）－（预付账款年初余额－预付账款期末余额）－（存货年初余额 － 存货期末余额－计提存货跌价准备）＋（应付票据年初余额－应付票据期末余额）＋（应付账款年初余额－应付账款期末余额）－ 当期列入生产成本、制造费用的职工薪酬 － 当期列入生产成本、制造费用的折旧费 ＝ 638 265 266.55 ＋ 107 656 406.70 －（24 917 138.56－46 254 344.25）－（97 826 135.22 － 120 592 619.93－293 902.58）＋（99 824 977.40 － 193 557 959.19）＋（81 313 013.53 － 83 890 164.90）－ 9 688 317.55 - 9 570 453.23 ＝ 674 750 362.27（元）。

（5）支付给职工以及为职工支付的现金：反映企业实际支付给职工，以及为职工支付的现金，包括本期实际支付给职工的工资、奖金、各种津贴和补贴、为职工代扣代缴的个人所得税等以及为职工支付的其他费用。不包括支付的离退休人员的各项费用和支付给在建工程人员的工资等。企业为职工支付的养老、失业等社会保险基金、补充养老保险、住房公积金、支付给职工的住房困难补助，以及企业支付给职工或为职工支付的其他福利费等，应按职工的工作性质和服务对象，分别在本项目和"购建固定资产、无形资产和其他长期资产所支付的现金"项目反映。本项目可根据"应付工资"、"库存现金"、"银行存款"等科目的记录分析填列。企业支付给离退休人员的费用，在"支付的其他与经营活动有关的现金"项目中反映。在本例中，支付给职工以及为职工支付的现金＝存货中生产成本、制造费用列支的职工薪酬＋销售费用列支的职工薪酬＋管理费用列支的职工薪酬＝9 688 317.55＋736 565.64＋11 760 030.35＝22 184 913.54（元）。

（6）支付的各项税费：反映企业按规定支付的各种税费，包括本期发生并支付的税费以及本期支付以前各期发生的税费和预交的税金。本项目可根据"应交税费"、"库存现金"、"银行存款"等科目的记录分析填列，不包括企业代扣代缴的个人所得税。在本例中，支付的各项税费 ＝ 当期所得税费用 ＋营业税金及附加 ＋ 应交税费（应交增值税——已交税金）＋管理费用列支的税金 ＋（应交所得税、城市维护建设税、教育附加费年初余额 － 应交所得税、城市维护建设税、教育附加费期末余额）＝ 11 518 176.40 ＋ 2 286 245.38 ＋ 21 283 468.14 ＋ 1 415 699.20 ＋（2 954 391.79 － 2 486 933.86）＝ 36 971 047.05（元）。

（7）支付其他与经营活动有关的现金：反映企业除上述各项目外，支付的其他与经营活动有关的现金，如罚款支出、支付的差旅费、业务招待费现金支出、支付的保险费、支付的工会经费等。在本例中，支付其他与经营活动有关的现金 ＝销售费用列支的运输费、业务招待费等费用 ＋ 管理费用列支的业务招待费等其他费用 ＋ 财务费用列支的手续费 ＋（其他应收款期末余额 － 其他应收款年初余额）＋（其他应收款年初余额 － 其他应收款期末余额）＝ 12 273 024.43 ＋ 14 321 746.29 ＋ 1 844 755.65 ＋（971 642.40 － 969 071.30）＋（1 234 416.18 － 1 161 590.62）＝ 28 514 923.03（元）。

（8）收回投资收到的现金：本项目反映企业出售、转让或到期收回除现金等价物以外的交易性金融资产、持有至到期投资、可供出售金融资产、长期股权投资等而收到的现金。不包括债权性投资收回的利息、收回的非现金资产以及处置子公司及其他营业单位收到的现金净额。本项目可根据"交易性金融资产"、"持有至到期投资"、"可供出售金融资产"、"长期股权投资"、"库存现金"、"银行存款"等科目的记录分析填列。在本例中为 0 元。

（9）取得投资收益收到的现金：反映企业因权益性投资和债权性投资而取得的现金股利、利息以及从子公司、联营企业和合营企业分回利润收到的现金。不包括股票股利。包括在现金等价物范围内的债券性投资，其利息收入在本项目中反映。本项目可根据"应收股利"、"应收利息"、"库存现金"、"银行存款"、"投资收益"等科目的记录分析填列。在本例中，取得投资收益收到的现金＝投资收益中成本法核算的长期股权投资收益＝847 308.00（元）。

（10）处置固定资产、无形资产和其他长期资产收回的现金净额：反映企业处置固定资产、无形资产和其他长期资产所取得的现金，减去为处置这些资产而支付的有关费用后的净额。由于自然灾害所造成的固定资产等长期资产损失而收到的保险赔偿收入，也在本项目反映。如处置固定资产、无形资产和其他长期资产所收回的现金净额为负数，则应作为投资活动产生的现金流量，在"支付的其他与投资活动有关的现金"项目中反映。本项目可根据"固定资产清理"、"库存现金"、"银行存款"等科目的记录分析填列。在本例中，处置固定资产、无形资产和其他长期资产收回的现金净额 ＝ 处置固定资产收到现金净额 ＝ 53 684.41（元）。

（11）处置子公司及其他营业单位收到的现金净额：反映企业处置子公司及其他营业单位所取得的现金减去子公司或其他营业单位持有的现金和现金等价物以及相关处置费用后的净额。本项目可以根据有关科目的记录分析填列。在本例中为 0 元。

（12）收到其他与投资活动有关的现金：反映企业除上述各项外，收到的其他与投资活动有关的现金流入。本项目可根据有关科目的记录分析填列。在本例中为 0 元。

（13）购建固定资产、无形资产和其他长期资产支付的现金：反映企业购买、建造固定资产，取得无形资产和其他长期资产所支付的现金。包括购买机器设备所支付的现金及增值税款、建造工程支付的现金、支付在建工程人员的工资等现金支出，不包括为购建固定资产、无形资产和其他长期资产而发生的借款利息资本化的部分以及融资租入固定资产所支付的租赁费。为购建固定资产、无形资产和其他长期资产而发生的借款利息资本化部分，在"分配股利、利润或偿付利息支付的现金"项目中反映；融资租入固定资产所支付的租赁费，在"支付其他与筹资活动有关的现金"项目中反映。企业以分期付款方式购建的固定资产，其首次付款支付的现金在本项目中反映，以后各期支付的现金在筹资活动产生的现金流量中反映。本项目可根据"固定资产"、"在建工程"、"无形资产"、"库存现金"、"银行存款"等科目的记录分析填列。在本例中，购建固定资产、无形资产和其他长期资产支付的现金 ＝ 本期用现金购买固定资产金额 ＋ 支付在建工程款 ＝ 14 588 987.32 ＋ 33 068 051.43 ＝47 657 038.75（元）。

（14）投资支付的现金：反映企业进行权益性投资和债权性投资所支付的现金，包括企业取得的除现金等价物以外的交易性金融资产、持有至到期投资、可供出售金融资产而支付的现金以及支付的佣金、手续费等交易费用。本项目可根据"交易性金融资产"、"持有至到期投资"、"可供出售金融资产"、"投资性房地产"、"长期股权投资"、"库存现金"、"银行存款"等科目的记录分析填列。在本例中，投资支付的现金 ＝ 本期用现金新增长期股权投资 ＝ 24 000 000.00（元）。

（15）取得子公司及其他营业单位支付的现金净额：反映企业取得子公司及其他营业单位购买出价中以现金支付的部分，减去子公司或其他营业单位持有的现金和现金等价物后的净额，可根据有关科目的记录分析填列。在本例中为 0 元。

（16）支付其他与投资活动有关的现金：反映企业除上述各项目外，支付的其他与投资活动有关的现金。本项目可根据有关科目的记录分析填列。在本例中为 0 元。

（17）吸收投资收到的现金：反映企业以发行股票等方式筹集资金实际收到款项净额（发行收入减去支付的佣金等发行费用后的净额）。以发行股票等方式筹集资金而由企业直接支付的审计、咨询等费用不在本项目反映，在"支付的其他与筹资活动有关的现金"项目反映，不在本项目内减去。本项目可根据"实收资本（或股本）"、"库存现金"、"银行存款"等科目的记录分析填列。在本例中，吸收投资收到的现金＝发行新股募集资金总额－支付的佣金等发行费用＝340 000 000.00－20 600 000.00＝319 400 000.00（元）。

（18）子公司吸收少数股东投资收到的现金：反映子公司以发行股票等方式筹集来自少数股东资金实际收到的款项净额。在本例中为 0 元。

（19）取得借款收到的现金：本项目反映企业举借各种短期、长期借款而收到的现金以及发行债券实际收到的款项净额（发行收入减去直接支付的佣金等发行费用后的净额）。本项目可以根据"短期借款"、"长期借款"、"交易性金融负债"、"应付债券"、"库存现金"、"银行存款"等科目的记录分析填列。在本例中，取得借款收到的现金＝本期借入短期借款金额 187 939 776.10 元。

（20）收到其他与筹资活动有关的现金：反映企业除上述各项目外，收到的其他与筹资活动有关的现金，如接受现金捐赠等。在本例中，收到其他与筹资活动有关的现金＝货币资金中其他货币资金年初余额＝48 722 267.64（元），即年初 3 个月以后到期的银行承兑汇票保证金 38 190 267.64 元、信用证保证金 1 532 000.00 元、用于担保的存款 9 000 000.00 元。

（21）偿还债务支付的现金：反映企业偿还债务本金而支付的现金，包括偿还金融企业的借款本金、偿还债券本金等。本项目可根据"短期借款"、

"长期借款"、"库存现金"、"银行存款"等科目的记录分析填列。在本例中，偿还债务支付的现金＝本期用现金偿还短期借款金额＝184 091 385.08（元）。

（22）分配股利、利润或偿付利息支付的现金：反映企业实际支付的现金股利、以现金支付给其他投资单位的利润以及支付的借款利息、债券利息等。本项目可根据"应付股利"、"应付利息"、"财务费用"、"长期借款"、"库存现金"、"银行存款"等科目的记录分析填列。在本例中，分配股利、利润或偿付利息支付的现金＝财务费用中的计提借款利息＋向投资者分配＝24 362 087.34＋8 000 000.00＝32 362 087.34（元）。

（23）子公司支付给少数股东的股利、利润：反映子公司实际支付给少数股东的现金股利、利润等。在本例中为0元。

（24）支付其他与筹资活动有关的现金：反映企业除上述各项外，支付的其他与筹资活动有关的现金，如捐赠现金支出、融资租入固定资产支付的租赁费、发生筹资费用所支付的现金、融资租赁所支付的现金、减少注册资本所支付的现金等。在本例中，支付其他与筹资活动有关的现金＝货币资金中其他货币资金期末余额（3个月以后到期的银行承兑汇票保证金、信用证保证金和用于担保的存款）＋发行新股支付的审计、咨询等费用＝83 137 006.05＋13 503 915.00＝96 640 921.05（元）。

（25）汇率变动对现金及现金等价物的影响：反映企业外币现金流量折算为人民币时，所采用的现金流量发生日的即期汇率折算为人民币金额与"现金及现金等价物净增加额"中外币现金净增加额按资产负债表日的即期汇率折算的人民币金额之间的差额。可以通过现金流量表补充资料中现金及现金等价物净增加额与现金流量表中经营活动产生的现金流量净额、投资活动产生的现金流量净额、筹资活动产生的现金流量净额三项之和比较，其差额即为汇率变动对现金及现金等价物的影响额。在本例中，汇率变动对现金及现金等价物的影响＝现金流量表补充资料中现金及现金等价物净增加额－现金流量表中经营活动产生的现金流量净额、投资活动产生的现金流量净额、筹资活动产生的现金流量净额＝230 011 982.41－

57 767 779.82－（－70 756 046.34）－242 967 650.27＝32 598.66（元）。

（26）现金及现金等价物净增加额：现金及现金等价物的净增加额＝现金及现金等价物的期末余额－现金及现金等价物的期初余额＝（483 466 191.31－83 137 006.05）－（219 039 470.49－48 722 267.64）＝230 011 982.41（元）。

表3-3-4现金流量表补充资料"本期金额"栏的各项目计算分析如下：

（1）资产减值准备＝计提坏账准备＋计提存货跌价准备＝1 250 961.87＋293 902.58＝1 544 864.45（元）。

（2）固定资产折旧、油气资产折耗、生产性生物资产折旧＝生产成本、制造费用列支的折旧费＋管理费用列支的折旧费＝9 570 453.23＋1 886 741.13＝11 457 194.36（元）。

（3）无形资产摊销＝管理费用列支的无形资产摊销＝300 268.92（元）。

（4）长期待摊费用摊销＝管理费用列支的长期待摊费用摊销＝100 054.17（元）。

（5）处置固定资产、无形资产和其他长期资产的损失＝－营业外收入中的固定资产处置利得＝－26 854.68（元）。

（6）财务费用＝财务费用列支的计提借款利息＋货币资金发生的汇兑损益＝24 362 087.34＋（－32 598.66）＝24 329 488.68（元）

（7）投资损失＝－成本法核算的长期股权投资收益＝－847 308.00（元）。

（8）递延所得税资产减少＝本期递延所得税调整＝－217 086.42（元）。

（9）存货的减少＝（存货年初余额－存货期末余额－计提存货跌价准备）＝（97 826 135.22－120 592 619.93－293 902.58）＝－23 060 387.29（元）。

（10）经营性应收项目的减少＝（应收票据年初余额－应收票据期末余额）＋（应收账款年初余额－应收账款期末余额）＋（预付账款年初余

额－预付账款期末余额）＋（其他应收款年初余额－其他应收款期末余额）－当期计提的坏账准备＝（109 472 666.51－167 144 863.61）＋（182 811 369.70－212 336 472.69）＋（24 917 138.56－46 254 344.25）＋（969 071.30－971 642.40）－1 250 961.87＝－109 788 038.75（元）。

（11）经营性应付项目的增加＝（应付票据期末余额－应付票据年初余额）＋（应付账款期末余额－应付账款年初余额）＋（预收账款期末余额－预收账款年初余额）＋（应交税费期末余额－应交税费年初余额）＋（其他应付款期末余额－其他应付款年初余额）＝（193 557 959.19－99 824 977.40）＋（83 890 164.90－81 313 013.53）＋（1 283 438.85－428 314.45）＋（6 940 758.10－7 948 800.07）＋（1 161 590.62－1 234 416.18）＝96 084 390.03（元）。

第四节　所有者权益变动表的编制实务

一、所有者权益变动表的内容和结构

所有者权益变动表是反映构成所有者权益的各组成部分当期的增减变动情况的报表。所有者权益变动表应当全面反映一定时期所有者权益变动的情况，不仅包括所有者权益总量的增减变动，还包括所有者权益增减变动的重要结构性信息，特别是要反映直接计入所有者权益的利得和损失，让报表使用者准确理解所有者权益增减变动的根源。

为了清楚地表明构成所有者权益的各组成部分当期的增减变动情况，所有者权益变动表应以矩阵的形式列示。一方面，列示导致所有者权益变动的交易或事项，改变了以往仅仅按照所有者权益的各组成部分反映所有者权益变动情况，而是按所有者权益变动的来源对一定时期所有者权益变动情况进行全面反映；另一方面，按照所有者权益各组成部分（包括实收资本、资本公积、盈余公积、未分配利润和库存股）及其总额列示交易或事项对所有者权益的影响。此外，在我国，企业需要提供比较所有者权益变动表，所有者权益变动表还就各项目再分为"本年金额"和"上年金额"两栏分别填列。所有者权益变动表的具体格式见表3－3－4。

二、所有者权益变动表的编制方法

1. 所有者权益变动表"上年金额"栏的填列方法

所有者权益变动表"上年金额"栏内各项数字，应根据上年度所有者权益变动表"本年金额"栏内所列数字填列。如果上年度所有者权益变动表规定的各个项目的名称和内容同本年度不相一致，应对上年度所有者权益变动表各项目的名称和数字按本年度的规定进行调整，填入所有者权益变动表"上年金额"栏内。

2. 所有者权益变动表"本年金额"栏的填列方法

所有者权益变动表"本年金额"栏内各项数字一般应根据"实收资本（或股本）"、"资本公积"、"盈余公积"、"利润分配"、"库存股"、"以前年度损益调整"等科目的发生额分析填列。

三、所有者权益变动表的编制示例

沿用前述三个报表的资料，青青公司的其他资料为：本年度向社会公开发行人民币普通股2 000万股，每股面值1元，每股发行价17元，募集资金总额340 000 000.00元，扣除发行费用34 103 915.00元，实际募集资金净额为305 896 085.00元（其中：股本20 000 000.00元，股本溢价285 896 085.00元）；提取盈余公积5 203 161.17元，向投资者分配股利8 000 000.00元。

根据上列资料编制青青公司2013年度所有者权益变动表，如表3－3－5所示。

表3-3-5

所有者权益变动表

编制单位：青青公司　　2013年度

会企04表
金额单位：人民币元

项目	本年金额						上年金额（略）					
	实收资本（或股本）	资本公积	减：库存股	盈余公积	未分配利润	所有者权益合计	实收资本（或股本）	资本公积	减：库存股	盈余公积	未分配利润	所有者权益合计
一、上年年末余额	60 000 000.00	70 905 123.35		20 516 357.86	174 364 137.64	325 785 618.85						
加：会计政策变更	—	—	—	—	—	—						
前期差错更正	—	—	—	—	—	—						
二、本年年初余额	60 000 000.00	70 905 123.35		20 516 357.86	174 364 137.64	325 785 618.85						
三、本年增减变动金额（减少以"－"号填列）	20 000 000.00	285 896 085.00		5 203 161.17	44 688 033.18	355 787 279.35						
（一）净利润	—	—	—	—	57 891 194.35	57 891 194.35						
（二）其他综合收益												
综合收益小计												
（三）所有者投入和减少资本	20 000 000.00	285 896 085.00	—			305 896 085.00						
1. 所有者投入资本	20 000 000.00	285 896 085.00	—	—	—	305 896 085.00						
2. 股份支付计入所有者权益的金额	—	—	—	—	—	—						

续表

项目	本年金额						上年金额（略）					
	实收资本（或股本）	资本公积	减：库存股	盈余公积	未分配利润	所有者权益合计	实收资本（或股本）	资本公积	减：库存股	盈余公积	未分配利润	所有者权益合计
3. 其他												
（四）利润分配				5 203 161.17	−13 203 161.17	−8 000 000.00						
1. 提取盈余公积		—		5 203 161.17	−5 203 161.17	0.00				—	—	—
2. 提取一般风险准备		—	—	—			—	—		—	—	—
3. 对所有者（或股东）的分配	—	—	—		−8 000 000.00	−8 000 000.00	—	—		—	—	—
4. 其他												
（五）所有者权益内部结转												
1. 资本公积转增资本（或股本）	—	—	—		—				—	—	—	
2. 盈余公积转增资本（或股本）	—	—	—		—				—	—	—	
3. 盈余公积弥补亏损	—	—	—		—				—	—		
4. 其他												
四、本年年末余额	80 000 000.00	356 801 208.35		25 719 519.03	219 052 170.82	681 572 898.20						

表3－3－5所有者权益变动表中各项目内容及"本年金额"栏的填列方法如下：

（1）上年年末余额：反映企业上年资产负债表中实收资本（或股本）、资本公积、盈余公积、未分配利润的年末余额，应根据"实收资本（或股本）"、"资本公积"、"盈余公积"、"利润分配"、"库存股"、"以前年度损益调整"等科目的发生额分析填列。在本例中，本项目的填列金额分别为股本 60 000 000.00 元，资本公积 70 905 123.35 元，盈余公积 20 516 357.86 元，未分配利润 174 364 137.64 元，所有者权益合计 325 785 618.85 元。

（2）会计政策变更和前期差错更正：仅填列"上年金额"栏，分别反映企业采用追溯调整法处理的会计政策变更的累积影响金额和采用追溯重述法处理的会计差错更正的累积影响金额。

为了体现会计政策变更和前期差错更正的影响，企业应当在上期期末所有者权益余额的基础上进行调整得出本期期初所有者权益，根据"盈余公积"、"利润分配"、"以前年度损益调整"等科目的发生额分析填列。在本例中，青青公司未发生会计政策变更和前期差错更正，故本项目的填列金额为0元。

（3）本年年初余额：在"上年金额"栏，反映企业在上年年末所有者权益金额的基础上，考虑本年及上年会计政策变更和前期差错更正等对上年及以前年度所有者权益的累积影响调整后的上年年初所有者权益金额。在"本年金额"栏，反映企业考虑本年会计政策变更及前期差错更正等对以前年度的影响调整后得出的本年年初所有者权益金额，同时与"上年年末余额"项目一致。

（4）本年增减变动额分别反映如下内容：

①净利润：反映企业当年实现的净利润（或净亏损）金额，并对应列在"未分配利润"栏，应根据利润表中的"净利润"项目填列。在本例中，本项目的填列金额为 57 891 194.35 元。

②其他综合收益：反映企业当年根据企业会计准则规定未在损益中确认的各项利得和损失扣除所得税影响后的净额，并对应列在"资本公积"栏。在本例中，青青公司未发生其他综合收益，故本项目的填列金额为0元。

③净利润和其他综合收益：反映企业当年实现的净利润（或净亏损）

金额和当年直接计入其他综合收益金额的合计额。在本例中，本项目的填列金额为 57 891 194.35 元。

④所有者投入和减少资本：反映企业当年所有者投入的资本和减少的资本。其中：

所有者投入资本：反映企业接受投资者投入形成的实收资本（或股本）和资本溢价（或股本溢价），并对应列在"实收资本（或股本）"和"资本公积"栏。在本例中，青青公司本年度向社会公开发行人民币普通股 2 000 万股，每股面值 1 元，每股发行价 17 元，募集资金总额 340 000 000.00 元，扣除发行费用 34 103 915.00 元，实际募集资金净额为 305 896 085.00 元（其中：股本 20 000 000.00 元，股本溢价 285 896 085.00 元），故本项目的填列金额分别为股本 20 000 000.00 元，资本公积 285 896 085.00 元。

股份支付计入所有者权益的金额：反映企业处于等待期中的权益结算的股份支付当年计入资本公积的金额，并对应列在"资本公积"栏。在本例中，青青公司未发生股份支付计入所有者权益的金额，故本项目的填列金额为 0 元。

⑤利润分配：反映当年对所有者（或股东）分配的利润（或股利）金额和按照规定提取的盈余公积金额，并对应列在"未分配利润"和"盈余公积"栏。其中：

提取盈余公积：反映企业按照规定提取的盈余公积。在本例中，青青公司提取盈余公积 5 203 161.17 元，故本项目的填列金额为"盈余公积"栏 5 203 161.17 元，"未分配利润"栏－5 203 161.17 元。

对所有者（或股东）的分配：反映对所有者（或股东）分配的利润（或股利）金额。在本例中，青青公司向投资者分配 8 000 000.00 元，故本项目的填列金额为"未分配利润"栏－8 000 000.00 元。

⑥所有者权益内部结转：反映不影响当年所有者权益总额的所有者权益各组成部分之间当年的增减变动，包括资本公积转增资本（或股本）、盈余公积转增资本（或股本）、盈余公积弥补亏损等项金额。为了全面反映所有者权益各组成部分的增减变动情况，所有者权益内部结转也是所有者权益变动表的重要组成部分，主要指不影响所有者权益总额、所有者权益的各组成部分当期的增减变动。其中：

资本公积转增资本（或股本）：反映企业以资本公积转增资本或股本的金额。

盈余公积转增资本（或股本）：反映企业以盈余公积转增资本或股本的金额。

盈余公积弥补亏损：反映企业以盈余公积弥补亏损的金额。

在本例中，青青公司未发生上述事项，故本项目的填列金额为0元。

（5）本年年末余额：在"上年金额"栏，反映企业考虑本年会计政策变更及前期差错更正等对以前年度的影响调整后得出的上年年末所有者权益金额。在"本年金额"栏，反映企业本年年末所有者权益金额，应根据上述相关项目加总合计填列，并与资产负债表中实收资本（或股本）、资本公积、盈余公积、未分配利润的期末余额核对相符。在本例中，本项目的填列金额分别为股本 80 000 000.00 元，资本公积 356 801 208.35 元，盈余公积 25 719 519.03 元，未分配利润 219 052 170.82 元，所有者权益合计 681 572 898.20 元。

第五节　附注

附注是财务报表不可或缺的组成部分，是对在资产负债表、利润表、现金流量表和所有者权益变动表等报表中列示项目的文字描述或明细资料，以及对未能在这些报表中列示项目的说明等。

财务报表中的数字是经过分类与汇总后的结果，是对企业发生的经济业务的高度简化和浓缩的数字，如有没有形成这些数字所使用的会计政策、理解这些数字所必需的披露，财务报表就不可能充分发挥效用。报表使用者了解企业的财务状况、经营成果和现金流量，应当全面阅读附注。

附注应当按照如下顺序披露有关内容：

1. **企业的基本情况**

（1）企业注册地、组织形式和总部地址。

（2）企业的业务性质和主要经营活动，如企业所处的行业、所提供的主要产品或服务、客户的性质、销售策略、监管环境的性质等。

（3）母公司以及集团最终母公司的名称。

（4）财务报告的批准报出者和财务报告批准报出日。

2. 财务报表的编制基础

3. 遵循企业会计准则的声明

企业应当声明编制的财务报表符合企业会计准则的要求，真实、完整地反映了企业的财务状况、经营成果和现金流量等有关信息，以此明确企业编制财务报表所依据的制度基础。

如果企业编制的财务报表只是部分地遵循了企业会计准则，附注中不得作出这种表述。

4. 重要会计政策和会计估计

企业应当披露采用的重要会计政策和会计估计，不重要的会计政策和会计估计可以不披露。

（1）重要会计政策的说明。由于企业经济业务的复杂性和多样化，某些经济业务有多种会计处理方法，也即存在不止一种可供选择的会计政策。企业在发生某项交易或事项允许选用不同的会计处理方法时，应当根据准则的规定从允许的会计处理政策中选择适合本企业特点的会计政策。比如，固定资产的折旧，可以有平均年限法、工作量法、双倍余额递减法、年数总额法等。企业选择不同的会计处理方法，可能极大地影响企业的财务状况和经营成果，进而编制出不同的财务报表。为了有助于报表使用者理解，有必要对这些会计政策加以披露。包括：

①财务报表项目的计量基础。会计计量属性包括历史成本、重置成本、可变现净值、现值和公允价值，这直接显著影响报表使用者的分析，这项披露要求便于使用者了解企业财务报表中的项目是按何种计量基础予以计量的，如存货是按成本还是可变现净值计量的。

②会计政策的确定依据，主要是指企业在运用会计政策过程中所作的对报表中确认的项目金额最具影响的判断。例如，企业应当根据本企业的实际情况说明确定融资租赁、投资性房地产的判断标准等，这些判断对在

报表中确认的项目金额具有重要影响。因此，这项披露要求有助于使用者理解企业选择和运用会计政策的背景，增加财务报表的可理解性。

（2）重要会计估计的说明。企业应当披露会计估计中所采用的关键假设和不确定因素的确定依据，这些关键假设和不确定因素在下一会计期间内很可能导致对资产、负债账面价值进行重大调整。在确定报表中确认的资产和负债的账面金额过程中，企业有时需要对不确定的未来事项在资产负债表日对这些资产和负债的影响加以估计。例如，固定资产可收回金额的计算需要根据其公允价值减去处置费用后的净额与预计未来现金流量的现值两者之间的较高者确定，在计算资产预计未来现金流量的现值时需要对未来现金流量进行预测，并选择适当的折现率，应当在附注中披露未来现金流量预测所采用的假设及其依据、所选择的折现率为什么是合理的等等。又如，为产品质量保证确认预计负债时最佳估计数的确定依据等。这些假设的变动对这些资产和负债项目金额的确定影响很大，有可能会在下一个会计年度内作出重大调整。因此，强调这一披露要求，有助于提高财务报表的可理解性。

5. 会计政策和会计估计变更以及差错更正的说明

企业应当按照《企业会计准则第 28 号——会计政策、会计估计变更和差错更正》及其应用指南的规定，披露会计政策和会计估计变更以及差错更正的有关情况。

6. 报表重要项目的说明

企业应当以文字和数字描述相结合、尽可能以列表形式披露报表重要项目的构成或当期增减变动情况，并且报表重要项目的明细金额合计，应当与报表项目金额相衔接。在披露顺序上，一般应当按照资产负债表、利润表、现金流量表、所有者权益变动表的顺序及其项目列示的顺序。

7. 其他需要说明的重要事项

主要包括或有和承诺事项、资产负债表日后非调整事项、关联方关系及其交易等。

第四篇

企业所得税汇算清缴篇

第一章 企业所得税汇算清缴概述

第一节 关于汇算清缴的具体规定

企业所得税是以企业取得的生产经营所得和其他所得为征税对象所征收的一种税。现行的企业所得税于 2007 年 3 月 16 日通过，并于 2008 年 1 月 1 日起施行。

企业所得税作为一个年度性税种，以整个企业的一个纳税年度内的全部税收收入（应纳税所得额）为计税依据，只有在年度终了后一段时间内才能准确核算全年应纳税额。因此，企业所得税实行按年计算、分月或者分季预缴、年终汇算清缴、多退少补的征纳办法。

根据《企业所得税法》、《企业所得税法暂行条例》、《国家税务总局关于印发〈企业所得税汇算清缴管理办法〉的通知》（国税发〔2009〕79号）、《国家税务总局关于印发＜非居民企业所得税汇算清缴管理办法＞的通知》（国税发〔2009〕6号）、《国家税务总局关于印发〈非居民企业所得税汇算清缴工作规程〉的通知》（国税发〔2009〕11号）等规定，对企业所得税有关汇算清缴的规定归纳如下：

一、汇算清缴的概念

企业所得税汇算清缴，是指纳税人自纳税年度终了之日起 5 个月内或实际经营终止之日起 60 日内，依照税收法律、法规、规章及其他有关企业所得税的规定，自行计算本纳税年度应纳税所得额和应纳所得税额，根据月度或季度预缴企业所得税的数额，确定该纳税年度应补或者应退税额，并填写企业所得税年度纳税申报表，向主管税务机关办理企业所得税年度纳税申报、提供税务机关要求提供的有关资料、结清全年企业所得税税款的行为。

二、汇算清缴的对象

1. 居民企业汇算清缴对象

凡在纳税年度内从事生产、经营（包括试生产、试经营），或在纳税年度中间终止经营活动的纳税人，无论是否在减税、免税期间，也无论盈利或亏损，均应按照企业所得税法及其实施条例和本办法的有关规定进行企业所得税汇算清缴。

实行核定定额征收企业所得税的纳税人，不进行汇算清缴。

2. 非居民企业汇算清缴对象

依照外国（地区）法律成立且实际管理机构不在中国境内，但在中国境内设立机构、场所的非居民企业（以下称为企业），无论盈利或者亏损，均应按照企业所得税法及本办法规定参加所得税汇算清缴。

企业具有下列情形之一的，可不参加当年度的所得税汇算清缴：

（1）临时来华承包工程和提供劳务不足 1 年，在年度中间终止经营活动，且已经结清税款；

（2）汇算清缴期内已办理注销；

（3）其他经主管税务机关批准可不参加当年度所得税汇算清缴。

三、汇算清缴的时间

1. 企业所得税纳税年度有关规定

（1）企业所得税按纳税年度计算，纳税年度自公历 1 月 1 日起至 12 月 31 日止。企业应当自年度终了之日起五个月内，向税务机关报送年度企业所得税纳税申报表，并汇算清缴，结清应缴应退税款。

（2）企业在一个纳税年度中间开业，或者终止经营活动，使该纳税年度的实际经营期不足十二个月的，应当以其实际经营期为一个纳税年度。企业在年度中间终止经营活动的，应当自实际经营终止之日起60日内，向税务机关办理当期企业所得税汇算清缴。

（3）企业依法清算时，应当以清算期间作为一个纳税年度。企业应当在办理注销登记前，就其清算所得向税务机关申报并依法缴纳企业所得税。

2. 企业所得税分月或者分季预缴有关规定

（1）企业应当自月份或者季度终了之日起15日内，向税务机关报送预缴企业所得税纳税申报表，预缴税款。

（2）企业所得税分月或者分季预缴，由税务机关具体核定。企业根据企业所得税法第五十四条规定分月或者分季预缴企业所得税时，应当按照月度或者季度的实际利润额预缴；按照月度或者季度的实际利润额预缴有困难的，可以按照上一纳税年度应纳税所得额的月度或者季度平均额预缴，或者按照经税务机关认可的其他方法预缴。预缴方法一经确定，该纳税年度内不得随意变更。

企业在纳税年度内无论盈利或者亏损，都应当依照企业所得税法第五十四条规定的期限，向税务机关报送预缴企业所得税纳税申报表、年度企业所得税纳税申报表、财务会计报告和税务机关规定应当报送的其他有关资料。

四、汇算清缴的报税资料

（1）居民企业办理企业所得税年度纳税申报时，应如实填写和报送下列有关资料：

①企业所得税年度纳税申报表及其附表；

②财务报表；

③备案事项相关资料；

④总机构及分支机构基本情况、分支机构征税方式、分支机构的预缴税情况；

⑤委托中介机构代理纳税申报的，应出具双方签订的代理合同，并附送中介机构出具的包括纳税调整的项目、原因、依据、计算过程、调整金额等内容的报告；

⑥涉及关联方业务往来的，同时报送《中华人民共和国企业年度关联业务往来报告表》；

⑦主管税务机关要求报送的其他有关资料。

纳税人采用电子方式办理企业所得税年度纳税申报的，应按照有关规定保存有关资料或附报纸质纳税申报资料。

实行跨地区经营汇总缴纳企业所得税的纳税人，由统一计算应纳税所得额和应纳所得税额的总机构，在汇算清缴期内向所在地主管税务机关办理企业所得税年度纳税申报，进行汇算清缴。分支机构不进行汇算清缴，但应将分支机构的营业收支等情况在报总机构统一汇算清缴前报送分支机构所在地主管税务机关。总机构应将分支机构及其所属机构的营业收支纳入总机构汇算清缴等情况报送各分支机构所在地主管税务机关。

经批准实行合并缴纳企业所得税的企业集团，由集团母公司（以下简称汇缴企业）在汇算清缴期内，向汇缴企业所在地主管税务机关报送汇缴企业及各个成员企业合并计算填写的企业所得税年度纳税申报表，以及前述有关资料及各个成员企业的企业所得税年度纳税申报表，统一办理汇缴企业及其成员企业的企业所得税汇算清缴。汇缴企业应根据汇算清缴的期限要求，自行确定其成员企业向汇缴企业报送前述有关资料的期限。成员企业向汇缴企业报送的前述有关资料，应经成员企业所在地的主管税务机关审核。

（2）非居民企业办理所得税年度申报时，应当如实填写和报送下列报表、资料：

①年度企业所得税纳税申报表及其附表；

②年度财务会计报告；

③税务机关规定应当报送的其他有关资料。

企业采用电子方式办理纳税申报的，应附报纸质纳税申报资料。

企业委托中介机构代理年度企业所得税纳税申报的，应附送委托人签章的委托书原件。

经批准采取汇总申报缴纳所得税的企业，其履行汇总纳税的机构、场所（以下简称汇缴机构），应当于每年 5 月 31 日前，向汇缴机构所在地主管税务机关索取《非居民企业汇总申报企业所得税证明》（以下称为《汇总申报纳税证明》）；企业其他机构、场所（以下简称其他机构）应当于每年 6 月 30 前将《汇总申报纳税证明》及其财务会计报告送交其所在地主管税务机关。在上述规定期限内，其他机构未向其所在地主管税务机关提供《汇总申报纳税证明》，且又无汇缴机构延期申报批准文件的，其他机构所在地主管税务机关应负责检查核实或核定该其他机构应纳税所得额，计算征收应补缴税款并实施处罚。

五、企业所得税征纳双方的权利义务

《企业所得税法》只对纳税人申报时间、报送资料提出了基本要求。根据《税收征收管理法》及国税发〔2009〕79 号等文件的规定，列举征纳双方的部分权利义务如下：

1. 纳税人的权利义务

（1）纳税人应当按照企业所得税法及其实施条例和企业所得税的有关规定，正确计算应纳税所得额和应纳所得税额，如实、正确填写企业所得税年度纳税申报表及其附表，完整、及时报送相关资料，并对纳税申报的真实性、准确性和完整性负法律责任。

（2）纳税人需要报经税务机关审批、审核或备案的事项，应按有关程序、时限和要求报送材料等有关规定，在办理企业所得税年度纳税申报前及时办理。

（3）纳税人因不可抗力，不能在汇算清缴期内办理企业所得税年度纳税申报或备齐企业所得税年度纳税申报资料的，应按照税收征管法及其实施细则的规定，申请办理延期纳税申报。

（4）纳税人在汇算清缴期内发现当年企业所得税申报有误的，可在汇算清缴期内重新办理企业所得税年度纳税申报。

（5）纳税人在纳税年度内预缴企业所得税税款少于应缴企业所得税税款的，应在汇算清缴期内结清应补缴的企业所得税税款；预缴税款超过应纳税款的，主管税务机关应及时按有关规定办理退税，或者经纳税人同意后抵缴其下一年度应缴企业所得税税款。

（6）纳税人有权向税务机关了解企业所得税的有关法律、行政法规的规定以及与纳税程序有关的情况。

（7）纳税人有权要求税务机关为纳税人的情况保密，包括技术信息、经营信息和主要投资人以及经营者不愿公开的个人事项。但根据法律规定，税收违法行为信息不属于保密范围。

（8）纳税人有权依照法律、行政法规的规定书面申请减税、免税。减税、免税的申请须经法律、行政法规规定的减税、免税审查批准机关审批。减税、免税期满，应当自期满次日起恢复纳税。如纳税人享受的税收优惠需要备案的，应当按照税收法律、行政法规和有关政策规定，及时办理事前或事后备案。

2. 税务机关的权利义务

（1）公布企业所得税预缴及汇算清缴有关事项的程序性规定。

（2）宣传、贯彻、执行税收法规，辅导纳税人依法纳税，并接受纳税人咨询。

（3）不得指定汇算清缴中介代理机构及鉴证机构。

（4）受理纳税人汇算清缴申报，协助纳税人办理税款的多退少补，或者经纳税人同意后抵缴其下一年度应缴企业所得税税款。

（5）受理纳税人延期纳税申报申请、减税免税申请以及其他需要报经税务机关审批、审核或备案的事项。

（6）为纳税人保密。

第二节　企业所得税纳税申报表体系

企业所得税的纳税人包括居民企业和非居民企业，而企业所得税实行按年计算、分月或者分季预缴、年终汇算清缴、多退少补的征纳办法。因此，企业所得税纳税申报表体系可归纳为如图4－1－1所示。

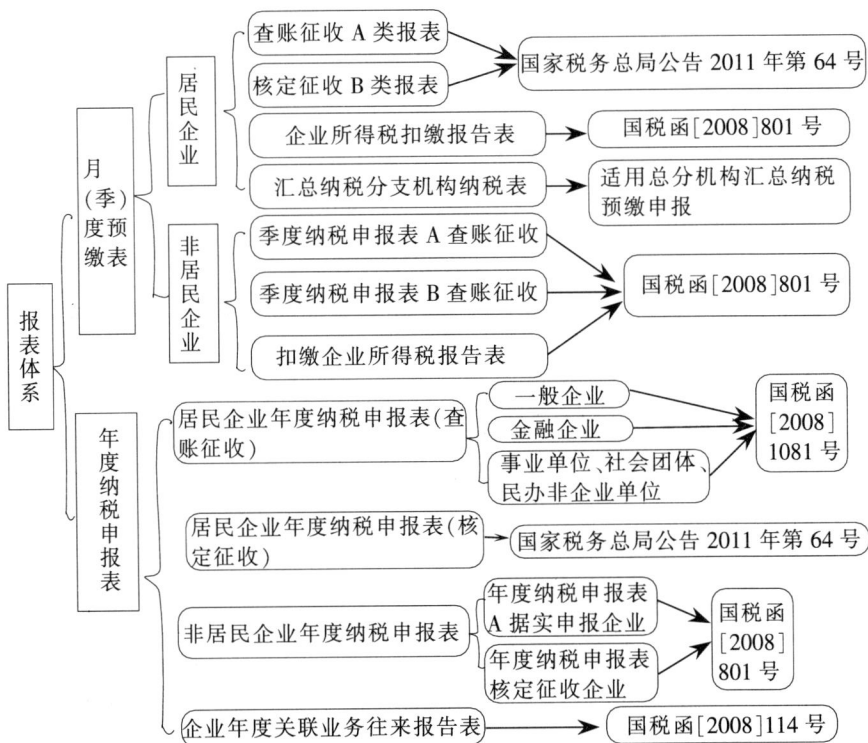

图4－1－1　企业所得税纳税申报表体系

一、企业所得税预缴申报表

1. 居民企业的月（季）度预缴申报表

根据《国家税务总局关于发布＜中华人民共和国企业所得税月（季）

度预缴纳税申报表＞等报表的公告》（国家税务总局公告 2011 年第 64 号）规定，印发了 3 张预缴申报表。

（1）《中华人民共和国企业所得税月（季）度预缴纳税申报表（A类）》，适用于查账征收的居民企业，如表 4－1－1 所示。

表 4－1－1　　中华人民共和国企业所得税月（季）度预缴纳税申报表（A 类）

税款所属期间：　　　年　月　日至　　　年　月　日

纳税人识别号：□□□□□□□□□□□□□□□

纳税人名称：　　　　　　　　　　　金额单位：人民币元（列至角分）

行次	项目	本期金额	累计金额
1	一、按照实际利润额预缴		
2	营业收入		
3	营业成本		
4	利润总额		
5	加：特定业务计算的应纳税所得额		
6	减：不征税收入		
7	免税收入		
8	弥补以前年度亏损		
9	实际利润额（4 行＋5 行－6 行－7 行－8 行）		
10	税率（25％）		
11	应纳所得税额		
12	减：减免所得税额		
13	减：实际已预缴所得税额		
14	减：特定业务预缴（征）所得税额		
15	应补（退）所得税额（11 行－12 行－13 行－14 行）		
16	减：以前年度多缴在本期抵缴所得税额		
17	本期实际应补（退）所得税额		
18	二、按照上一纳税年度应纳税所得额平均额预缴		
19	上一纳税年度应纳税所得额		
20	本月（季）应纳税所得额（19 行×1/4 或 1/12）		
21	税率（25％）		

续表

行次	项目	本期金额	累计金额
22	本月（季）应纳所得税额（20行×21行）		
23	三、按照税务机关确定的其他方法预缴		
24	本月（季）确定预缴的所得税额		
25	总分机构纳税人		
26	总机构 总机构应分摊所得税额（15行或22行或24行×总机构应分摊预缴比例）		
27	财政集中分配所得税额		
28	分支机构应分摊所得税额（15行或22行或24行×分支机构应分摊比例）		
29	其中：总机构独立生产经营部门应分摊所得税额		
30	总机构已撤销分支机构应分摊所得税额		
31	分支机构 分配比例		
32	分配所得税额		

谨声明：此纳税申报表是根据《中华人民共和国企业所得税法》、《中华人民共和国企业所得税法实施条例》和国家有关税收规定填报的，是真实的、可靠的、完整的。

法定代表人（签字）：　　　　　年　月　日

纳税人公章： 会计主管： 填表日期：　年　月　日	代理申报中介机构公章： 经办人： 经办人执业证件号码： 代理申报日期： 　　　　　年　月　日	主管税务机关受理专用章： 受理人： 受理日期： 　　　　年　月　日

国家税务总局监制

（2）《中华人民共和国企业所得税月（季）度和年度纳税申报表（B类)》，适用于核定征收的居民企业，如表4—1—2所示。

表4-1-2　　**中华人民共和国企业所得税月（季）度和年度纳税申报表（B类）**

税款所属期间：　　年　月　日至　　年　月　日

纳税人识别号：□□□□□□□□□□□□□□□

纳税人名称：　　　　　　　　　　　金额单位：人民币元（列至角分）

		项目	行次	累计金额
一、以下由按应税所得率计算应纳所得税额的企业填报				
应纳税所得额的计算	按收入总额核定应纳税所得额	收入总额	1	
		减：不征税收入	2	
		免税收入	3	
		应税收入额（1-2-3）	4	
		税务机关核定的应税所得率（%）	5	
		应纳税所得额（4×5）	6	
	按成本费用核定应纳税所得额	成本费用总额	7	
		税务机关核定的应税所得率（%）	8	
		应纳税所得额［7÷（1-8）×8］	9	
应纳所得税额的计算		税率（25%）	10	
		应纳所得税额（6×10或9×10）	11	
应补（退）所得税额的计算		已预缴所得税额	12	－
		应补（退）所得税额（11-12）	13	
二、以下由税务机关核定应纳所得税额的企业填报				
税务机关核定应纳所得税额			14	

　　谨声明：此纳税申报表是根据《中华人民共和国企业所得税法》、《中华人民共和国企业所得税法实施条例》和国家有关税收规定填报的，是真实的、可靠的、完整的。

法定代表人（签字）：　　　　年　月　日

纳税人公章： 会计主管： 填表日期： 　年　月　日	代理申报中介机构公章： 经办人： 经办人执业证件号码： 代理申报日期：　年　月　日	主管税务机关受理专用章： 受理人： 受理日期： 　年　月　日

国家税务总局监制

（3）《中华人民共和国企业所得税汇总纳税分支机构所得税分配表》，适用于总分机构汇总纳税预缴申报，具体如表4－1－3。

表4－1－3 中华人民共和国企业所得税汇总纳税分支机构所得税分配表

税款所属期间： 年 月 日至 年 月 日

总机构名称： 金额单位：人民币元（列至角分）

纳税人识别号	应纳所得税额	总机构分摊所得税额	总机构财政集中分配所得税额	分支机构分摊所得税额

分支机构情况	纳税人识别号	分支机构名称	三项因素			分配比例	分配税额
			收入额	工资额	资产额		
	合计		—	—	—	—	

纳税人公章：	主管税务机关受理专用章：
会计主管：	受理人：
填表日期： 年 月 日	受理日期： 年 月 日

国家税务总局监制

2. 非居民企业的季度预缴申报表

根据《国家税务总局关于印发＜中华人民共和国非居民企业所得税申报表＞等报表的通知》（国税函〔2008〕801号）规定，印发了2张预缴申报表。

（1）《中华人民共和国企业所得税非居民企业所得税季度纳税申报表（A类）》，适用于据实征收的非居民企业，具体如表4—1—4。

表4—1—4 　　　　　　　　　中华人民共和国
非居民企业所得税年度纳税申报表
（适用于据实申报企业）

税款所属期间：　　　年　月　日至　　　年　月　日
纳税人识别号：□□□□□□□□□□□□　　金额单位：人民币元（列至角分）

纳税人名称		居民国（地区）名称及代码		
行次	项目	账载金额	依法申报金额	备注
1	营业收入			
2	营业成本			
3	营业税金及附加			
4	销售费用			
5	管理费用			
6	财务费用			
7	营业利润　7＝1－2－3－4－5－6			
8	营业外收入			
9	营业外支出			
10	利润（亏损）总额　10＝7＋8－9			
11	其他应税项目调增（减）额			
12	按规定可弥补的以前年度亏损额			
13	应纳税所得额　13＝10＋11－12			
14	法定税率（25%）			

续表

行次	项目	账载金额	依法申报金额	备注
15	应纳企业所得税额　15＝13×14			
16	实际征收率（％）			
17	实际应纳企业所得税额　17＝13×16			
18	减（免）企业所得税额　18＝15－17			
19	境外所得应补企业所得税额			
20	境内外实际应纳企业所得税额　20＝17＋19			
21	本年度已预缴企业所得税额			
22	以前年度损益应补（退）企业所得税额			
23	本年度应补（退）企业所得税额　23＝20－21＋22			

　　谨声明：此纳税申报表是根据《中华人民共和国企业所得税法》及其实施条例和国家有关税收规定填报的，是真实的、可靠的、完整的。

　　　　　　　　　　　　　　　　　　　声明人签字：　　年　月　日

纳税人公章：	代理申报中介机构公章：	主管税务机关：
经办人：	经办人及其执业证件号码：	受理人：
申报日期：　年　月　日	代理申报日期：　年　月　日	受理日期：　年　月　日

国家税务总局监制

　　（2）《中华人民共和国企业所得税非居民企业所得税季度纳税申报表（B类）》，适用于核定征收的非居民企业，具体如表4－1－5。

表 4－1－5 　　　　　　**中华人民共和国**

非居民企业所得税季度纳税申报表

（适用于核定征收企业）

税款所属期间： 　年　月　日至　 年　月　日

纳税人识别号：□□□□□□□□□□□□ 　金额单位：人民币元（列至角分）

纳税人名称				居民国（地区）名称及代码	
申报项目			账载金额	依法申报金额	备注
按收入总额核定应纳税所得额的计算	项目 1 名称	1. 收入额			
		2. 经税务机关核定的利润率（％）			
		3. 应纳税所得额　3＝1×2			
	项目 2 名称	4. 收入额			
		5. 经税务机关核定的利润率（％）			
		6. 应纳税所得额　6＝5×5			
	项目 3 名称	7. 收入额			
		8. 经税务机关核定的利润率（％）			
		9. 应纳税所得额　9＝7×8			
	10. 收入总额　10＝1＋4＋7				
	11. 应纳税所得额合计　11＝3＋6＋9				
按经费支出换算应纳税所得额的计算	12. 经费支出总额				
	13. 换算的收入额				
	14. 经税务机关核定的利润率（％）				
	15. 应纳税所得额　15＝13×14				

续表

按成本费用核定应纳税所得额的计算	16. 成本费用总额		
	17. 换算的收入额		
	18. 经税务机关核定的利润率（％）		
	19. 应纳税所得额 19＝17×18		
应纳企业所得税额的计算	20. 适用税率（25％）		
	21. 应纳企业所得税额 21＝11×20 或 15×20 或 19×20		
	22. 实际征收率（％）		
	23. 实际应纳企业所得税额 23＝11×22 或 15×22 或 19×22		
	24. 减（免）企业所得税额 24＝21－23		
预缴所得税额的计算	25. 本季度前已预缴企业所得税额		
	26. 本年度已预缴企业所得税额 26＝23＋25		

声明	谨声明：此纳税申报表是根据《中华人民共和国企业所得税法》及其实施条例和国家有关税收规定填报的，是真实的、可靠的、完整的。 声明人签字：　　　　年　月　日		
纳税人公章：	代理申报中介机构公章：		主管税务机关：
经办人：	经办人及其执业证件号码：		受理人：
申报日期：　年 月 日	代理申报日期：　年 月 日		受理日期：　年 月 日

国家税务总局监制

（3）非居民企业在中国境内未设立机构、场所的或虽设立机构、场所但取得的所得与其所设机构、场所没有实际联系的，应当就其来源于中国境内的所得缴纳企业所得税；非居民企业在中国境内取得承包工程作业和提供劳务所得并实行指定扣缴的，适用《国家税务总局关于印发＜中华人民共和国非居民企业所得税申报表＞等报表的通知》（国税函〔2008〕801号）印发的《中华人民共和国扣缴企业所得税报告表》，扣缴义务人或纳税人应按次或按期进行扣缴或申报企业所得税税款的报告。

二、企业所得税年度纳税申报表

1. 居民企业的年度纳税申报表

（1）《国家税务总局关于＜中华人民共和国企业所得税年度纳税申报表＞的补充通知》（国税函〔2008〕1081号），印发了实行查账征收的居民企业年度纳税申报表。

（2）《国家税务总局关于发布＜中华人民共和国企业所得税月（季）度预缴纳税申报表＞等报表的公告》（国家税务总局公告2011年第64号），印发了核定征收居民企业年度纳税申报表，即《中华人民共和国企业所得税月（季）度和年度纳税申报表（B类）》。

2. 清算所得税申报表

《国家税务总局关于印发＜中华人民共和国企业清算所得税申报表＞的通知》（国税函〔2009〕388号）规定，按居民企业税收规定进行清算、缴纳企业所得税时，主要包括：一张主表《中华人民共和国企业清算所得税申报表》（见表4－1－6）和三张附表《资产处置损益明细表》、《负债清偿损益明细表》、《剩余财产计算和分配明细表》。

表 4－1－6 《中华人民共和国企业清算所得税申报表》

清算期间： 年 月 日至 年 月 日

纳税人名称：

纳税人识别号： 金额单位：元（列至角分）

类别	行次	项目	金额
应纳税所得额计算	1	资产处置损益（填附表一）	
	2	负债清偿损益（填附表二）	
	3	清算费用	
	4	清算税金及附加	
	5	其他所得或支出	
	6	清算所得（1＋2－3－4＋5）	
	7	免税收入	
	8	不征税收入	
	9	其他免税所得	
	10	弥补以前年度亏损	
	11	应纳税所得额（6－7－8－9－10）	
应纳所得税额计算	12	税率（25%）	
	13	应纳所得税额（11×12）	
应补（退）所得税额计算	14	减（免）企业所得税额	
	15	境外应补所得税额	
	16	境内外实际应纳所得税额（13－14＋15）	
	17	以前纳税年度应补（退）所得税额	
	18	实际应补（退）所得税额（16＋17）	

纳税人盖章： 清算组盖章： 经办人签字： 申报日期：	代理申报中介机构盖章： 经办人签字及执业证件号码： 代理申报日期：	主管税务机关受理专用章： 受理人签字： 受理日期： 年 月 日

3. **非居民企业的年度纳税申报表**

根据《国家税务总局关于印发＜中华人民共和国非居民企业所得税申报表＞等报表的通知》（国税函〔2008〕801号）规定，印发了2张预缴申报表。

（1）《中华人民共和国企业所得税非居民企业所得税年度纳税申报表（A类）》，适用于据实征收的非居民企业。

（2）《中华人民共和国企业所得税非居民企业所得税年度纳税申报表（B类）》，适用于核定征收的非居民企业。

4. **年度关联业务往来报告表**

根据《国家税务总局关于印发＜中华人民共和国企业年度关联业务往来报告表＞的通知》（国税发〔2008〕114号）规定，包括9张报告表：

（1）关联关系表，具体如表4－1－7。

表4－1－7　　　　　　　　　　　关联关系表

关联方名称	纳税人识别号	国家（地区）	地址	法定代表人	关联关系类型

经办人（签章）：　　　　　　　　　　　　　法定代表人（签章）：

（2）关联交易汇总表，具体如表4－1－8。

表4－1－8　　　　　　　　　　　　　　**关联交易汇总表**

1. 本年度是否按要求准备同期资料：是□ 否□；2. 本年度免除准备同期资料□；

3. 本年度是否签订成本分摊协议：是□ 否□

金额单位：人民币元（列至角分）

交易类型	交易总金额	关联交易		境外关联交易			境内关联交易		
		金额	比例%	金额	比例%	比例%	金额	比例%	比例%
	1	2＝4＋7	3＝2/1	4	5＝4/1	6＝4/2	7	8＝7/1	9＝7/2
材料（商品）购入									
商品（材料）销售									
劳务收入									
劳务支出									
受让无形资产									
出让无形资产									
受让固定资产									
出让固定资产									
融资应计利息收入									
融资应计利息支出									
其他									
合计									

经办人（签章）：　　　　　　　　　　　　　　　法定代表人（签章）：

（3）购销表，具体如表4－1－9。

表 4-1-9　　　　　　　　　　　　　　购销表

金额单位：人民币元（列至角分）

一、总购销				
材料（商品）购入		金额	商品（材料）销售	金额
购入总额 1＝2＋5			销售总额 8＝9＋12	
其中	进口购入 2＝3＋4		出口销售 9＝10＋11	
	其中 非关联进口 3		其中 非关联出口 10	
	其中 关联进口 4		其中 关联出口 11	
	国内购入 5＝6＋7		国内销售 12＝13＋14	
	其中 非关联购入 6		其中 非关联销售 13	
	其中 关联购入 7		其中 关联销售 14	

二、按出口贸易方式分类的出口销售收入					
来料加工	关联金额	非关联金额	其他贸易方式	关联金额	非关联金额

三、占出口销售总额 10％以上的境外销售对象及其交易

境外关联方名称	国家（地区）	交易金额	定价方法	备注

境外非关联方名称	国家（地区）	交易金额	定价方法	备注

四、占进口采购总额 10％以上的境外采购对象及其交易

境外关联方名称	国家（地区）	交易金额	定价方法	备注

境外非关联方名称	国家（地区）	交易金额	定价方法	备注

经办人（签章）：　　　　　　　　　　　　　　　　法定代表人（签章）：

（4）劳务表，具体如表4－1－10。

表4－1－10 　　　　　　　　　　　劳务表

金额单位：人民币元（列至角分）

一、总劳务交易						
劳务收入		金额	劳务支出			金额
劳务收入 1＝2＋5			劳务支出 8＝9＋12			
其中	境外劳务收入 2＝3＋4		其中	境外劳务支出 9＝10＋11		
	其中	非关联劳务收入 3			其中	非关联劳务支出 10
		关联劳务收入 4				关联劳务支出 11
	境内劳务收入 5＝6＋7			境内劳务支出 12＝13＋14		
	其中	非关联劳务收入 6			其中	非关联劳务支出 13
		关联劳务收入 7				关联劳务支出 14

二、境外劳务收入额占劳务收入总额10%以上的境外交易对象及其交易				
境外关联方名称	国家（地区）	交易金额	定价方法	备注
境外非关联方名称	国家（地区）	交易金额	定价方法	备注

三、境外劳务支出额占劳务支出总额10%以上的境外交易对象及其交易				
境外关联方名称	国家（地区）	交易金额	定价方法	备注
境外非关联方名称	国家（地区）	交易金额	定价方法	备注

经办人（签章）：　　　　　　　　　　　　　　　　法定代表人（签章）：

（5）无形资产表，具体如表4－1－11。

表4－1－11

无形资产表

金额单位：人民币元（列至角分）

项目		受让					出让				
		总交易金额	从境外受让无形资产		从境内受让无形资产		总交易金额	向境外出让无形资产		向境内出让无形资产	
			关联交易金额	非关联交易金额	关联交易金额	非关联交易金额		关联交易金额	非关联交易金额	关联交易金额	非关联交易金额
		$1=2+3+4+5$	2	3	4	5	$6=7+8+9+10$	7	8	9	10
使用权	土地使用权										
	专利技术										
	非专利技术										
	商标权										
	著作权										
	其他										
	合计										
所有权	专利技术										
	非专利技术										
	商标权										
	著作权										
	其他										
	合计										
总计											

经办人（签章）：　　　　　　　　　　　　　　　　　　法定代表人（签章）：

（6）固定资产表，具体如表4—1—12。

固定资产表

表4—1—12

金额单位：人民币元（列至角分）

项目	受让					出让				
	总交易金额	从境外受让固定资产		从境内受让固定资产		总交易金额	向境外出让固定资产		向境内出让固定资产	
		关联交易金额	非关联交易金额	关联交易金额	非关联交易金额		关联交易金额	非关联交易金额	关联交易金额	非关联交易金额
	1=2+3+4+5	2	3	4	5	6=7+8+9+10	7	8	9	10
房屋、建筑物										
飞机、火车、轮船、机器、机械和其他生产设备										
与生产经营活动有关的器具、工具、家具等										
使用权 飞机、火车、轮船以外的运输工具										
电子设备										
其他										
合计										

续表

项目	受让					出让				
	总交易金额	从境外受让固定资产		从境内受让固定资产		总交易金额	向境外出让固定资产		向境内出让固定资产	
		关联交易金额	非关联交易金额	关联交易金额	非关联交易金额		关联交易金额	非关联交易金额	关联交易金额	非关联交易金额
	$1=2+3+4+5$	2	3	4	5	$6=7+8+9+10$	7	8	9	10
房屋、建筑物										
飞机、火车、轮船、机器、机械和其他生产设备										
与生产经营活动有关的器具、工具、家具等										
所有权 飞机、火车、轮船以外的运输工具										
电子设备										
其他										
合计										
总计										

经办人（签章）：　　　　　　　　　　　　法定代表人（签章）：

（7）融通资金表，具体如表 4－1－13 所示。

表 4－1－13　　　　　　　　　**融通资金表**

企业从其关联方接受的债权性投资与企业接受的权益性投资的比例：

金额单位：人民币元（列至角分）

| | 境外关联方名称 | 国家（地区） | 币种 | 融资金额 | | 利率 | 融资起止时间 | 应计利息支出 | 应计利息收入 | 担保方名称 | 担保费 | 担保费率 |
				融入金额	融出金额							
定期融资												
其他合计												
合计												
	境内关联方名称	国家（地区）	币种	融资金额		利率	融资起止时间	应计利息支出	应计利息收入	担保方名称	担保费	担保费率
				融入金额	融出金额							
定期融资												
其他合计												
合计												
总计												

经办人（签章）：　　　　　　　　　　　　　　　　　　　法定代表人（签章）：

（8）对外投资情况表，具体如表 4－1－14 所示。

表 4－1－14

对外投资情况表

金额单位：人民币元（列至角分）

一、企业基本信息			
企业名称		纳税人识别号	
注册地址		法定代表人	

二、被投资外国企业基本信息			
企业名称		纳税人识别号	
注册地址		法定代表人	
主要经营地址		成立时间	
法定代表人居住地址		记账本位货币	
主营业务范围		对人民币汇率	
		纳税年度起止	

被投资外国企业总股份信息		企业持有被投资外国企业股份信息			
总股份量	起止时间	股份种类	起止时间	持股数量	持股比例％
1	2	3	4	5	6＝5/1

三、被投资外国企业是否在国家税务总局指定的非低税率国家（地区）是□ 否□
四、被投资外国企业年度利润是否不高于500万元人民币是□ 否□

五、被投资外国企业年度企业所得税税负信息

应纳税所得额	实际缴纳所得税	税后利润额	实际税负比率％	被投资企业法定所得税率
7	8	9＝7－8	10＝8/7	11

六、被投资外国企业全部股东信息

股东名称	国家（地区）	纳税人识别号	持股种类	起止时间	占全部股份比例％

续表

七、被投资外国企业年度损益表		八、被投资外国企业资产负债表	
项目	金额	项目	金额
收入总额		现金	
成本		应收账款	
毛利润		存货	
股息、红利收入		其他流动资产	
利息收入		向股东或其他关联方贷款	
租金、特许权使用费收入		对附属机构投资	
财产转让收益（损失）		其他投资	
其他收入		建筑物及其他可折旧财产	
扣减补偿支出		土地	
租金、特许权使用总支出		无形资产	
利息支出		其他财产	
折旧		总资产	
税金		应付账款	
其他扣除		其他流动负债	
年度利润总额		股东或其他关联方贷款	
		其他负债	
		股本	
		未分配利润	
		总负债	

九、企业从被投资外国企业分得的股息情况

本年度应分配股息额	本年度实际分配股息额	比例%
12	13	14＝13/12

经办人（签章）：   法定代表人（签章）：

（9）对外支付款项情况表，具体如表4—1—15。

表 4—1—15　　　　　　　　　　对外支付款项情况表

金额单位：人民币元（列至角分）

项目	本年度向境外支付款项金额	其中：向境外关联企业支付款项金额	已扣缴企业所得税金额	是否享受税收协定优惠
1. 股息、红利				
2. 利息				
3. 租金				
4. 特许权使用费				
其中：商标费				
技术使用费				
5. 财产转让支出				
6. 佣金				
7. 设计费				
8. 咨询费				
9. 培训费				
10. 管理服务费				
11. 承包工程款				
12. 建筑安装款				
13. 文体演出款				
14. 认证、检测费				
15. 市场拓展费				
16. 售后服务费				
17. 其他				
其中：				
合计				

经办人（签章）：　　　　　　　　　　　　　　　　法定代表人（签章）：

本报告表适用于实行查账征收的居民企业和在中国境内设立机构、场所并据实申报缴纳企业所得税的非居民企业填报。因此，不论居民企业还是非居民企业，在年终汇算清缴向税务机关报送年度企业所得税纳税申报表时，都应附送《年度关联业务往来报告表》。

第三节　企业所得税汇算清缴的有关政策

企业所得税汇算清缴需要对企业全年损益进行全面核算，涉及收入确认、成本费用扣除、应纳税额计算、适用税率、税收抵免、特别纳税调整、税收优惠、审批备案等事项，必须对税收政策和相关会计处理有一个全面的、系统的理解和掌握。同时，每家企业的财务、经营状况各有不同，企业应该结合自身的生产经营状况，认真研究相关税收政策对本企业的适用性和操作口径，从而最大限度地规避税务风险，减少不必要的税务处罚和税务负担。

由于汇算清缴涉及面广，一方面必须深入了解《企业所得税法》、《企业所得税法实施条例》的框架结构、基本原理、重要条款，通读全文，掌握其对有关涉税事项的原则规定；另一方面必须加强相关税收政策的学习，密切关注税收政策变动，同时把握并切实运用这些税收政策，提高风险意识，也充分利用政策优惠等各种机遇为企业发展增添动力。

下面就把企业所得税汇算清缴必须掌握的以及近年出台的与企业所得税相关的部分文件作一列示，以供读者查找。

一、关于收入确认政策的文件

（1）《国家税务总局关于企业处置资产所得税处理问题的通知》（国税函〔2008〕828 号）。

（2）《国家税务总局关于确认企业所得税收入若干问题的通知》（国税函〔2008〕875 号）。

（3）《国家税务总局关于贯彻落实企业所得税法若干税收问题的通知》（国税函〔2010〕79 号）。

（4）《国家税务总局关于企业国债投资业务企业所得税处理问题的公告》（2011 年第 36 号）。

（5）《财政部、国家税务总局关于专项用途财政性资金企业所得税处理问题的通知》（财税〔2011〕70 号）。

（6）《国家税务总局关于发布＜企业政策性搬迁所得税管理办法＞的公告》（2012 年第 40 号）。

二、关于税前扣除政策的文件

（1）《财政部、国家税务总局关于企业境外所得税收抵免有关问题的通知》（财税〔2009〕125 号）。

（2）《国家税务总局稽查局关于重点企业发票使用情况检查工作相关问题的补充通知》（稽查局稽便函〔2011〕31 号）。

（3）《国家税务总局关于发布＜企业资产损失所得税税前扣除管理办法＞的公告》（2011 年第 25 号）。

（4）《国家税务总局关于煤矿企业维简费和高危行业企业安全生产费用企业所得税税前扣除问题的公告》（2011 年第 26 号）。

（5）《国家税务总局关于税务机关代收工会经费企业所得税税前扣除凭据问题的公告》（2011 年第 30 号）。

（6）《国家税务总局关于企业所得税若干问题的公告》（2011 年第 34 号）；

（7）《国家税务总局关于实施农林牧渔业项目企业所得税优惠问题的公告》（2011 年第 48 号）。

（8）《财政部、国家税务总局关于延长金融企业涉农贷款和中小企业贷款损失准备金税前扣除政策执行期限的通知》（财税〔2011〕104 号）。

（9）《国家税务总局关于企业所得税应纳税所得额若干税务处理问题的公告》（2012 年第 15 号）。

（10）《财政部、国家税务总局关于金融企业贷款损失准备金企业所得税税前扣除政策的通知》（财税〔2012〕5 号）。

（11）《财政部、国家税务总局关于证券行业准备金支出企业所得税税前扣除有关政策问题的通知》（财税〔2012〕11 号）。

（12）《财政部、国家税务总局关于保险公司农业巨灾风险准备金企业所得税税前扣除政策的通知》（财税〔2012〕23 号）。

（13）《财政部、国家税务总局关于中小企业信用担保机构有关准备金企业所得税税前扣除政策的通知》（财税〔2012〕25 号）。

（14）《财政部、国家税务总局关于保险公司准备金支出企业所得税税前扣除有关政策问题的通知》（财税〔2012〕45号）。

（15）《关于企业参与政府统一组织的棚户区改造支出企业所得税税前扣除政策有关问题的通知》（财税〔2012〕12号）。

（16）《关于确认中华全国总工会和中国红十字会总会2011年度公益性捐赠税前扣除资格的通知》（财税〔2012〕47号）。

（17）《财政部、国家税务总局关于广告费和业务宣传费支出税前扣除政策的通知》（财税〔2012〕48号）。

（18）《财政部、国家税务总局、民政部关于公布2011年度第二批获得公益性捐赠税前扣除资格的公益性社会团体名单的通知》（财税〔2012〕26号）。

（19）《国家税务总局关于我国居民企业实行股权激励计划有关企业所得税处理问题的公告》（2012年第18号）。

（20）《国家宗教事务局、中共中央统战部、国家发展和改革委员会、民政部、财政部、国家税务总局关于鼓励和规范宗教界从事公益慈善活动的意见》（国宗发〔2012〕6号）。

三、关于税收优惠政策的文件

（1）《财政部、国家税务总局关于企业所得税若干优惠政策的通知》（财税〔2008〕1号）。

（2）《国家税务总局关于实施国家重点扶持的公共基础设施项目企业所得税优惠问题的通知》（国税发〔2009〕80号）。

（3）《财政部、国家税务总局关于继续实施小型微利企业所得税优惠政策的通知》（财税〔2011〕4号）。

（4）《财政部、国家税务总局关于享受企业所得税优惠的农产品初加工有关范围的补充通知》（财税〔2011〕26号）。

（5）《财政部、国家税务总局关于期货投资者保障基金有关税收优惠政策继续执行的通知》（财税〔2011〕69号）。

（6）《财政部、国家税务总局关于地方政府债券利息所得免征所得税问题的通知》（财税〔2011〕76号）。

（7）《财政部、国家税务总局、民政部关于生产和装配伤残人员专门用品企业免征企业所得税的通知》（财税〔2011〕81号）。

（8）《财政部、国家税务总局关于铁路建设债券利息收入企业所得税政策的通知》（财税〔2011〕99号）。

（9）《财政部、国家税务总局关于小型微利企业所得税优惠政策有关问题的通知》（财税〔2011〕117号）。

（10）《财政部、国家税务总局关于公共基础设施项目和环境保护、节能节水项目企业所得税优惠政策问题的通知》（财税〔2012〕10号）。

（11）《财政部、国家税务总局关于进一步鼓励软件产业和集成电路产业发展企业所得税政策的通知》（财税〔2012〕27号）。

（12）《国家税务总局关于软件和集成电路企业认定管理有关问题的公告》（2012年第19号）。

（13）《国家发展改革委、工业和信息化部、财政部、商务部、国家税务总局关于印发〈国家规划布局内重点软件企业和集成电路设计企业认定管理试行办法〉的通知》（发改高技〔2012〕2413号）。

（14）《财政部、国家税务总局关于支持农村饮水安全工程建设运营税收政策的通知》（财税〔2012〕30号）。

（15）《财政部、国家税务总局关于新疆喀什、霍尔果斯两个特殊经济开发区企业所得税优惠政策的通知》（财税〔2011〕112号）。

（16）《财政部、国家税务总局、中宣部关于下发世界知识出版社等35家中央所属转制文化企业名单的通知》（财税〔2011〕120号）。

（17）《财政部、国家税务总局关于中国扶贫基金会所属小额贷款公司享受有关税收优惠政策的通知》（财税〔2012〕33号）。

（18）《国家税务总局关于深入实施西部大开发战略有关企业所得税问题的公告》（2012年第12号）。

（19）《国家税务总局关于进一步贯彻落实税收政策促进民间投资健康发展的意见》（国税发〔2012〕53号）。

（20）《国务院关于印发节能与新能源汽车产业发展规划（2012年～2020年）的通知》（国发〔2012〕22号）。

（21）《国务院关于进一步支持小型微型企业健康发展的意见》（国发〔2012〕14号）。

（22）《国务院关于支持深圳前海深港现代服务业合作区开发开放有关政策的批复》（国函〔2012〕58号）。

（23）《国务院办公厅关于印发进一步支持小型微型企业健康发展重点工作部门分工方案的通知》（国办函〔2012〕141号）。

（24）《关于鼓励民间资本参与保障性安居工程建设有关问题的通知》（建保〔2012〕91号）。

（25）《文化部、财政部、国家税务总局关于公布2011年通过认定的动漫企业名单的通知》（文产发〔2011〕57号）。

（26）《文化部、财政部、国家税务总局关于公布2012年通过认定的动漫企业和重点动漫企业名单的通知》（文产发〔2012〕44号）。

四、关于征税政策的文件

（1）《财政部、国家税务总局关于高新技术企业境外所得适用税率及税收抵免问题的通知》（财税〔2011〕47号）。

（2）《财政部、国家税务总局关于苏州工业园区有限合伙制创业投资企业法人合伙人企业所得税试点政策的通知》（财税〔2012〕67号）。

（3）《国家税务总局关于苏州工业园区有限合伙制创业投资企业法人合伙人企业所得税政策试点有关征收管理问题的公告》（2013年第25号）。

（4）《国家税务总局关于企业所得税核定征收有关问题的公告》（2012年第27号）。

（5）《国家税务总局关于印发＜跨地区经营汇总纳税企业所得税征收管理办法＞的公告》（2012年第57号）。

五、关于申报、管理政策的文件

（1）《国家税务总局关于做好2009年度企业所得税汇算清缴工作的通

知》(国税函〔2010〕148号)。

（2）《国家税务总局关于企业所得税年度纳税申报口径问题的公告》（2011年第29号）。

（3）《关于印发〈跨省市总分机构企业所得税分配及预算管理办法〉的通知》（财预〔2012〕40号）。

（4）国家税务总局关于发布《中华人民共和国企业所得税月（季）度预缴纳税申报表》等报表的公告（2011年第64号）。

（5）《国家税务总局关于发布〈中华人民共和国企业所得税月（季）度预缴纳税申报表〉等报表的补充公告》（2011年第76号）。

（6）《国家税务总局关于小型微利企业预缴企业所得税有关问题的公告》（2012年第14号）。

（7）《国家税务总局关于中国信达资产管理股份有限公司变更二级分支机构的公告》（2012年第37号）。

六、其他政策

（1）《财政部关于做好2012年全国企业所得税税源调查工作的通知》（财税〔2012〕37号）。

（2）《国家税务总局关于印发〈特别纳税调整内部工作规程（试行）〉的通知》（国税发〔2012〕13号）。

（3）《国家税务总局关于中日税收协定适用于日本新增税种的公告》（2012年第49号）。

（4）《财政部、国家税务总局、中国人民银行关于调整铁路运输企业税收收入划分办法的通知》（财预〔2012〕383号）。

（5）《财政部、国家税务总局、中国人民银行关于印发跨省市总分机构企业所得税分配及预算管理办法的通知（财预〔2012〕40号）。

第二章 企业所得税征税对象实务

第一节 纳税义务发生时间

企业所得税的纳税义务发生时间取决于税法对收入的确认。

《企业所得税法》规定企业每一纳税年度的收入总额，减除不征税收入、免税收入、各项扣除以及允许弥补的以前年度亏损后的余额，为应纳税所得额；企业以货币形式和非货币形式从各种来源取得的收入，为收入总额。《企业所得税法实施条例》规定企业取得收入的货币形式，包括现金、存款、应收账款、应收票据、准备持有至到期的债券投资以及债务的豁免等；企业取得收入的非货币形式，包括固定资产、生物资产、无形资产、股权投资、存货、不准备持有至到期的债券投资、劳务以及有关权益等。同时企业以非货币形式取得的收入，应当按照公允价值确定收入额。

一、收入总额包括的内容

（1）销售货物收入，是指企业销售商品、产品、原材料、包装物、低值易耗品以及其他存货取得的收入。

（2）提供劳务收入，是指企业从事建筑安装、修理修配、交通运输、仓储租赁、金融保险、邮电通信、咨询经纪、文化体育、科学研究、技术服务、教育培训、餐饮住宿、中介代理、卫生保健、社区服务、旅游、娱乐、加工以及其他劳务服务活动取得的收入。

（3）转让财产收入，是指企业转让固定资产、生物资产、无形资产、股权、债权等财产取得的收入。

（4）股息、红利等权益性投资收益，是指企业因权益性投资从被投资方取得的收入。

股息、红利等权益性投资收益，除国务院财政、税务主管部门另有规定外，按照被投资方作出利润分配决定的日期确认收入的实现。

（5）利息收入，是指企业将资金提供他人使用但不构成权益性投资，或者因他人占用本企业资金取得的收入，包括存款利息、贷款利息、债券利息、欠款利息等收入。

利息收入，按照合同约定的债务人应付利息的日期确认收入的实现。

（6）租金收入，是指企业提供固定资产、包装物或者其他有形资产的使用权取得的收入。

租金收入，按照合同约定的承租人应付租金的日期确认收入的实现。

（7）特许权使用费收入，是指企业提供专利权、非专利技术、商标权、著作权以及其他特许权的使用权取得的收入。

特许权使用费收入，按照合同约定的特许权使用人应付特许权使用费的日期确认收入的实现。

（8）接受捐赠收入，是指企业接受的来自其他企业、组织或者个人无偿给予的货币性资产、非货币性资产。

接受捐赠收入，按照实际收到捐赠资产的日期确认收入的实现。

（9）其他收入，是指企业取得的上述第（1）项至第（8）项规定的收入外的其他收入，包括企业资产溢余收入、逾期未退包装物押金收入、确实无法偿付的应付款项、已作坏账损失处理后又收回的应收款项、债务重组收入、补贴收入、违约金收入、汇兑收益等。

《国家税务总局关于确认企业所得税收入若干问题的通知》（国税函〔2008〕875号）对企业所得税相关收入实现的确认作了进一步明确。

二、商品销售收入的确认

除企业所得税法及实施条例另有规定外，企业销售收入的确认，必须遵循权责发生制原则和实质重于形式原则。

（1）企业销售商品同时满足下列条件的，应确认收入的实现：

①商品销售合同已经签订，企业已将商品所有权相关的主要风险和报酬转移给购货方；

②企业对已售出的商品既没有保留通常与所有权相联系的继续管理权，也没有实施有效控制；

③收入的金额能够可靠地计量；

④已发生或将发生的销售方的成本能够可靠地核算。

而《企业会计准则第 14 号——收入》第四条规定，销售商品收入同时满足下列条件的，才能予以确认：

① 企业已将商品所有权上的主要风险和报酬转移给购货方；

②既没有保留通常与所有权相联系的继续管理权，也没有对已售出的商品实施有效控制；

③收入的金额能够可靠地计量；

④相关的经济利益很可能流入企业；

⑤相关的已发生或将发生的成本能够可靠地计量。

通过比较，可以发现在销售商品收入的确认方面，企业会计准则有 5 个条件，而税法只有 4 个条件，税法不考虑相关的经济利益很可能流入企业，也就是说税法不考虑企业的经营风险，收入的确认具有强制性。

【例 4－2－1】青青公司于 2013 年 12 月 1 日向甲公司发出商品一批，已向甲公司开具增值税专用发票，价款 50 万元，增值税 8.5 万元，商品成本 36 万元。青青公司于 2013 年 12 月 15 日办妥了托收手续。2013 年 12 月 31 日青青公司得知甲公司由于发生重大火灾事故，损失巨大，企业无法收到该项货款。该 50 万元应当如何进行会计和税务处理？

①2013 年青青公司无法收到货款，而且甲公司损失巨大，很可能成为坏账，会计上不确认收入。

借：发出商品　　　　　　　　　　　　　　　　500 000
　　贷：库存商品　　　　　　　　　　　　　　　　　　500 000
借：应收账款——应收增值税　　　　　　　　　85 000
　　贷：应交税费——应交增值税（销项税额）　　　　85 000

②2013年企业所得税处理：会计上未确认收入，但按税法规定应确认收入50万元，同时应确认成本36万元，故应调增2013年应纳税所得额14万元。

（2）符合上款收入确认条件，采取下列商品销售方式的，应按以下规定确认收入实现时间：

①销售商品采用托收承付方式的，在办妥托收手续时确认收入；

②销售商品采取预收款方式的，在发出商品时确认收入；

③销售商品需要安装和检验的，在购买方接受商品以及安装和检验完毕时确认收入。如果安装程序比较简单，可在发出商品时确认收入；

④销售商品采用支付手续费方式委托代销的，在收到代销清单时确认收入。

（3）采用售后回购方式销售商品的，销售的商品按售价确认收入，回购的商品作为购进商品处理。有证据表明不符合销售收入确认条件的，如以销售商品方式进行融资，收到的款项应确认为负债，回购价格大于原售价的，差额应在回购期间确认为利息费用。

【例4-2-2】青青公司于2013年7月1日与乙公司签订一项销售合同，根据合同向乙公司销售一批商品，开出的增值税专用发票上注明的销售价格为100万元，增值税税额为17万元，商品已经发出，款项已经收到。该批商品成本为80万元。同时销售合同约定，青青公司应于11月30日将所售商品回购，回购价为110万元（不含增值税税额）。青青公司对该100万元应当如何进行处理？

青青公司以固定价格110万元回购的售后回购交易属于融资交易，商品所有权上的主要风险和报酬没有转移，企业不应确认收入，而应当确认负债 100 万元，回购价格大于原售价的差额 10 万元，企业应在回购期间按期计提利息费用，计入财务费用。

① 2013 年 7 月 1 日，签订销售合同，发生增值税纳税义务时：

借：银行存款　　　　　　　　　　　　　　　　　1 170 000

　　贷：其他应付款——乙公司　　　　　　　　　　　　1 000 000

　　　　应交税费——应交增值税（销项税额）　　　　　　170 000

借：发出商品　　　　　　　　　　　　　　　　　1 000 000

　　贷：库存商品　　　　　　　　　　　　　　　　　　1 000 000

② 回购价大于原售价的差额，应在回购期间按期计提利息费用，计入当期财务费用。由于回购期间为 5 个月，货币时间价值影响不大，采用直线法计提利息费用。每月计提利息费用为 2（10÷5）万元。

借：财务费用　　　　　　　　　　　　　　　　　　20 000

　　贷：其他应付款——乙公司　　　　　　　　　　　　　20 000

③ 2013 年 11 月 30 日回购商品时，收到的增值税专用发票上注明的商品价款为 110 万元，增值税税额为 18.7 万元，假定商品已验收入库，款项已经支付。

借：应交税费——应交增值税（销项税额）　　　　　187 000

　　财务费用——售后回购　　　　　　　　　　　　　20 000

　　其他应付款——乙公司　　　　　　　　　　　1 080 000

　　贷：银行存款　　　　　　　　　　　　　　　　　1 287 000

借：库存商品　　　　　　　　　　　　　　　　　　800 000

　　贷：发出商品　　　　　　　　　　　　　　　　　　800 000

（4）销售商品以旧换新的，销售商品应当按照销售商品收入确认条件确认收入，回收的商品作为购进商品处理。

三、商品销售中各类折扣的税务处理

（1）企业为促进商品销售而在商品价格上给予的价格扣除属于商业折

扣，商品销售涉及商业折扣的，应当按照扣除商业折扣后的金额确定销售商品收入金额。

【例4-2-3】青青公司销售给甲公司一批商品，按价目表标明的价格计算，金额为100万元。由于甲公司购买该批商品数量较大，双方达成协议给予甲公司10％的商业折扣。那么青青公司应当确认多少收入呢？

商业折扣是企业最常用的促销手段，指企业可以从货品价目单上规定的价格中扣减一定数额，此项扣减数通常用百分数来表示，如15％、20％、25％等，扣减后的净额才是实际销售价格。由于商业折扣一般在交易发生时即已确定，商业折扣仅仅是确定实际销售价格的一种手段，不在买卖任何一方的账上进行反映，商业折扣对收入金额的确认并无实质性影响。在商业折扣情况下，企业确认收入的金额为扣除商业折扣以后的实际售价。本例中青青公司应该确认的收入金额就是90（100-100×10％）万元。

（2）债权人为鼓励债务人在规定的期限内付款而向债务人提供的债务扣除属于现金折扣，销售商品涉及现金折扣的，应当按扣除现金折扣前的金额确定销售商品收入金额，现金折扣在实际发生时作为财务费用扣除。

【例4-2-4】青青公司在2013年12月1日向乙公司销售一批商品，开出的增值税专用发票上注明的销售价格为100万元，增值税额为17万元。为及早收回货款，青青公司和乙公司约定的现金折扣条件为：2/10，1/20，n/30。假定计算现金折扣时不考虑增值税额。青青公司应当如何确认收入？

①2013年12月1日销售实现时，按销售总价确认收入。

借：应收账款　　　　　　　　　　　　　　　1 170 000

　贷：主营业务收入　　　　　　　　　　　　　1 000 000

　　应交税费——应交增值税（销项税额）　　　170 000

②如果乙公司在12月9日付清货款，则按销售总价100万元的2％享受现金折扣2万（100×2％）元，实际付款115（117-2）万元。

借：银行存款   1 150 000

  财务费用   20 000

    贷：应收账款   1 170 000

③如果乙公司在 12 月 19 日付清货款，则按销售总价 100 万元的 1%
享受现金折扣 1（100×1%）万元，实际付款 116（117−1）万元。

借：银行存款   1 160 000

  财务费用   10 000

    贷：应收账款   1 170 000

④如果乙公司在 12 月底才付清货款，则按全额付款。

借：银行存款   1 170 000

    贷：应收账款   1 170 000

（3）企业因售出商品的质量不合格等原因而在售价上给予的减让属于
销售折让；企业因售出商品质量、品种不符合要求等原因而发生的退货属
于销售退回。企业已经确认销售收入的售出商品发生销售折让和销售退
回，应当在发生当期冲减当期销售商品收入。

【例 4−2−5】青青公司在 2013 年 12 月 1 日向乙公司销售一批商品，
开出的增值税专用发票上注明的销售价格为 100 万元，增值税额为 17 万
元，款项尚未收到；该批商品成本为 80 万元。乙公司在验收过程中发现部
分商品表面存在划痕，基本上不影响使用，要求青青公司在价格上（不含
增值税额）给予 5% 的减让。假定甲公司已确认销售收入，与销售折让有
关的增值税额税务机关允许冲减，销售折让不属于资产负债表日后事项。
青青公司应当如何确认收入？

①2013 年 12 月 1 日销售实现时：

借：应收账款   1 170 000

    贷：主营业务收入   1 000 000

      应交税费——应交增值税（销项税额）   170 000

借：主营业务成本   800 000

  贷：库存商品   800 000

②发生销售折让时：

借：主营业务收入   （1 000 000×5％）50 000

  应交税费——应交增值税（销项税额）

          （50 000×17％）8 500

  贷：应收账款   58 500

③实际收到款项时：

借：银行存款   1 111 500

  贷：应收账款   1 111 500

四、企业买一赠一等方式组合销售的税务处理

企业以买一赠一等方式组合销售本企业商品的，不属于捐赠，应将总的销售金额按各项商品的公允价值的比例来分摊确认各项的销售收入。

【例4—2—6】青青公司在春节来临之际开展买一赠一促销活动，即买名牌西装一件赠送相同品牌衬衣一件，当月销售西装1 000件，同类商品含税单位售价1 170元，单位成本500元；赠送衬衣1 000件，同类商品含税单位售价234元，单位成本100元。青青公司对上述事项应当如何进行处理？

（1）青青公司在完成销售时，应将西装和衬衣同时开具在一张发票上，按其公允价值的比例来分摊确认各项的销售收入：

借：银行存款   1 170 000

  贷：主营业务收入   1 000 000

    应交税费——应交增值税   170 000

同时结转成本600 000（500×1 000＋100×1 000）元：

借：主营业务成本   600 000

  贷：库存商品——某西装   500 000

     ——某衬衣   100 000

（2）如果青青公司在完成销售时只开具了西装的发票，而赠送的衬衣没有开具发票，企业在账务处理时也作了以上同样的分录。根据《中华人民共和国增值税暂行条例实施细则》第四条第八款规定，将自产、委托加工或者购进的货物无偿赠送其他单位或者个人的，应视同销售货物。因此，赠送的衬衣也应按同类商品的销售价格申报缴纳增值税，企业应作如下纳税调整：

借：营业外支出　　　　　　　（234×1 000÷1.17×17%）34 000

　　贷：应交税费——应交增值税（销项税额）　　　　　 34 000

同时，根据《中华人民共和国企业所得税法》第十条第五款规定，企业发生的非公益性捐赠支出，在计算应纳税所得额时不得扣除。因此，青青公司还应调增当月应纳税所得额 200 000（234×1 000÷1.17）元。

五、提供劳务收入的确认

企业在各个纳税期末，提供劳务交易的结果能够可靠估计的，应采用完工进度（完工百分比）法确认提供劳务收入。

（1）提供劳务交易的结果能够可靠估计，是指同时满足下列条件：

①收入的金额能够可靠地计量；

②交易的完工进度能够可靠地确定；

③交易中已发生和将发生的成本能够可靠地核算。

而《企业会计准则第 14 号——收入》第十一条规定，提供劳务交易的结果能够可靠估计，是指同时满足下列条件：

① 收入的金额能够可靠地计量；

②相关的经济利益很可能流入企业；

③交易的完工进度能够可靠地确定；

④交易中已发生和将发生的成本能够可靠地计量。

通过比较，可以发现在劳务收入的确认方面，企业会计准则有 4 个条件，而税法只有 3 个条件，税法不考虑相关的经济利益很可能流入企业，同样的也就是说税法不考虑企业提供劳务交易的经营风险，收入的确认具有强制性。

（2）企业提供劳务完工进度的确定，可选用下列方法：

①已完工作的测量；

②已提供劳务占劳务总量的比例；

③发生成本占总成本的比例。

（3）企业应按照从接受劳务方已收或应收的合同或协议价款确定劳务收入总额，根据纳税期末提供劳务收入总额乘以完工进度扣除以前纳税年度累计已确认提供劳务收入后的金额，确认为当期劳务收入；同时，按照提供劳务估计总成本乘以完工进度扣除以前纳税期间累计已确认劳务成本后的金额，结转为当期劳务成本。

（4）下列提供劳务满足收入确认条件的，应按规定确认收入。

①安装费。应根据安装完工进度确认收入。安装工作是商品销售附带条件的，安装费在确认商品销售实现时确认收入。

【例4-2-7】青青公司于2013年12月1日接受一项设备安装任务，安装期为2个月，合同总收入100万元，至年底已预收安装费60万元，实际发生安装费用为30万元（假定均为安装人员薪酬），估计还会发生安装费用30万元。假定青青公司按实际发生的成本占估计总成本的比例确定劳务的完工进度。青青公司应当如何确认收入？

• 计算：

实际发生的成本占估计总成本的比例＝30÷（30＋30）＝50％

2013年12月31日确认的劳务收入＝100×50％－0＝50（万元）

2013年12月31日结转的劳务成本＝（30＋30）×50％－0＝30（万元）

• 账务处理：

◆实际发生劳务成本时：

借：劳务成本   300 000

    贷：应付职工薪酬   300 000

◆ 预收劳务款时：

借：银行存款 600 000

　　贷：预收账款 600 000

◆ 2013 年 12 月 31 日确认劳务收入并结转劳务成本时：

借：预收账款 500 000

　　贷：主营业务收入 500 000

借：主营业务成本 300 000

　　贷：劳务成本 300 000

【例 4-2-8】青青公司于 2013 年 12 月 1 日销售一部电梯并负责安装，合同总收入 100 万元，其中包括安装费 2 万元。假定电梯销售价格与安装费无法区分，青青公司应当如何确认安装费收入？

如果安装工作附属于商品销售，则应当根据商品销售实现的时间来确认安装费收入实现的时间，因此，青青公司应当在确认电梯销售收入的同时确认安装费收入：安装后需要检验的，青青公司在购买方接受商品以及安装和检验完毕时确认收入；如果安装程序比较简单，可在发出商品时确认收入。

②宣传媒介的收费。应在相关的广告或商业行为出现于公众面前时确认收入。广告的制作费，应根据制作广告的完工进度确认收入。

③软件费。为特定客户开发软件的收费，应根据开发的完工进度确认收入。

④服务费。包含在商品售价内可区分的服务费，在提供服务的期间分期确认收入。

⑤艺术表演、招待宴会和其他特殊活动的收费。在相关活动发生时确认收入。收费涉及几项活动的，预收的款项应合理分配给每项活动，分别确认收入。

⑥会员费。申请入会或加入会员，只允许取得会籍，所有其他服务或商品都要另行收费的，在取得该会员费时确认收入。申请入会或加入会员

后，会员在会员期内不再付费就可得到各种服务或商品，或者以低于非会员的价格销售商品或提供服务的，该会员费应在整个受益期内分期确认收入。

【例 4—2—9】某超市于 2013 年 1 月 1 日向会员收取会费 10 万元，会员取得 2013 年会员资格，但以后从超市取得商品均需要另行按市场价格支付款项。该超市应当如何确认收入？

该超市的会员费仅仅是取得会籍，并不是未来的服务费，因此，该超市应当在 2013 年 1 月 1 日确认收入 10 万元。

【例 4—2—10】某健身俱乐部于 2013 年 12 月 1 日向会员收取会费 120 万元，会员取得 2013 年会员资格，2013 年会员从该健身俱乐部取得服务均不再付费。该健身俱乐部应当如何确认收入？

由于该健身俱乐部的会员费不仅仅是取得会籍，还是未来服务的费用，因此，该健身俱乐部应当在 2013 年确认收入 120 万元，每月确认 10 万元。

⑦特许权费。属于提供设备和其他有形资产的特许权费，在交付资产或转移资产所有权时确认收入；属于提供初始及后续服务的特许权费，在提供服务时确认收入。

⑧劳务费。长期为客户提供重复的劳务收取的劳务费，在相关劳务活动发生时确认收入。

第二节　特殊性收入事项

（1）分期收款方式销售货物收入：以分期收款方式销售货物的，按照合同约定的收款日期确认收入的实现。

（2）跨年度相关收入：企业受托加工制造大型机械设备、船舶、飞机，以及从事建筑、安装、装配工程业务或者提供其他劳务等，持续时间超过 12 个月的，按照纳税年度内完工进度或者完成的工作量确认收入的实现。

（3）产品分成方式取得收入：采取产品分成方式取得收入的，按照企业分得产品的日期确认收入的实现，其收入额按照产品的公允价值确定。

（4）利息收入，按照合同约定的债务人应付利息的日期确认收入的实现。

（5）租金收入：根据《企业所得税法实施条例》第十九条的规定，企业提供固定资产、包装物或者其他有形资产的使用权取得的租金收入，应按交易合同或协议规定的承租人应付租金的日期确认收入的实现。其中，如果交易合同或协议中规定租赁期限跨年度，且租金提前一次性支付的，根据《企业所得税法实施条例》第九条规定的收入与费用配比原则，出租人可对上述已确认的收入，在租赁期内，分期均匀计入相关年度收入。

（6）债务重组收入：企业发生债务重组，应在债务重组合同或协议生效时确认收入的实现。

（7）股权转让所得：企业转让股权收入，应于转让协议生效、且完成股权变更手续时，确认收入的实现。转让股权收入扣除为取得该股权所发生的成本后，为股权转让所得。企业在计算股权转让所得时，不得扣除被投资企业未分配利润等股东留存收益中按该项股权所可能分配的金额。

（8）股息、红利等权益性投资收益收入：企业权益性投资取得股息、红利等收入，应以被投资企业股东会或股东大会作出利润分配或转股决定的日期，确定收入的实现。被投资企业将股权（票）溢价所形成的资本公积转为股本的，不作为投资方企业的股息、红利收入，投资方企业也不得增加该项长期投资的计税基础。

（9）搬迁收入：企业搬迁期间新购置的各类资产，应按《企业所得税法》及其实施条例等有关规定，计算确定资产的计税成本及折旧或摊销年限。企业发生的购置资产支出，不得从搬迁收入中扣除。

企业的搬迁收入，扣除搬迁支出后的余额，为企业的搬迁所得。企业应在搬迁完成年度，将搬迁所得计入当年度企业应纳税所得额计算纳税。

下列情形之一的，为搬迁完成年度，企业应进行搬迁清算，计算搬迁所得：

① 从搬迁开始，5 年内（包括搬迁当年度）任何一年完成搬迁的；

②从搬迁开始，搬迁时间满 5 年（包括搬迁当年度）的年度。

企业同时符合下列条件的，视为已经完成搬迁：

① 搬迁规划已基本完成；

②当年生产经营收入占规划搬迁前年度生产经营收入 50％以上。

（10）国债利息和转让收入：

①企业投资国债从国务院财政部门（以下简称发行者）取得的国债利息收入，应以国债发行时约定应付利息的日期，确认利息收入的实现。企业转让国债，应在国债转让收入确认时确认利息收入的实现。

企业到期前转让国债、或者从非发行者投资购买的国债，其持有期间尚未兑付的国债利息收入，按以下公式计算确定：国债利息收入＝国债金额×（适用年利率÷365）×持有天数。

企业从发行者直接投资购买的国债持有至到期，其从发行者取得的国债利息收入，全额免征企业所得税。企业到期前转让国债、或者从非发行者投资购买的国债，其按前述公式计算的国债利息收入，免征企业所得税。

②企业转让国债应在转让国债合同、协议生效的日期，或者国债移交时确认转让收入的实现。企业投资购买国债，到期兑付的，应在国债发行时约定的应付利息的日期，确认国债转让收入的实现。

企业转让或到期兑付国债取得的价款，减除其购买国债成本，并扣除其持有期间按照以下公式计算的国债利息收入（国债利息收入＝国债金额×（适用年利率÷365）×持有天数）以及交易过程中相关税费后的余额，为企业转让国债收益（损失）。

根据企业所得税法实施条例第十六条规定，企业转让国债，应作为转让财产，其取得的收益（损失）应作为企业应纳税所得额计算纳税。

（11）房地产开发企业开发产品销售收入：

①开发产品销售收入的范围为销售开发产品过程中取得的全部价款，包括现金、现金等价物及其他经济利益。企业代有关部门、单位和企业收取的各种基金、费用和附加等，凡纳入开发产品价内或由企业开具发票的，应按规定全部确认为销售收入；未纳入开发产品价内并由企业之外的其他收取部门、单位开具发票的，可作为代收代缴款项进行管理。

②企业通过正式签订《房地产销售合同》或《房地产预售合同》所取得的收入，应确认为销售收入的实现，具体按以下规定确认：

• 采取一次性全额收款方式销售开发产品的，应于实际收讫价款或取得索取价款凭据（权利）之日，确认收入的实现。

• 采取分期收款方式销售开发产品的，应按销售合同或协议约定的价款和付款日确认收入的实现。付款方提前付款的，在实际付款日确认收入的实现。

• 采取银行按揭方式销售开发产品的，应按销售合同或协议约定的价款确定收入额，其首付款应于实际收到日确认收入的实现，余款在银行按揭贷款办理转账之日确认收入的实现。

• 采取委托方式销售开发产品的，应按以下原则确认收入的实现：第一，采取支付手续费方式委托销售开发产品的，应按销售合同或协议中约定的价款于收到受托方已销开发产品清单之日确认收入的实现。第二，采取视同买断方式委托销售开发产品的，属于企业与购买方签订销售合同或协议，或企业、受托方、购买方三方共同签订销售合同或协议的，如果销售合同或协议中约定的价格高于买断价格，则应按销售合同或协议中约定的价格计算的价款于收到受托方已销开发产品清单之日确认收入的实现；如果属于前两种情况中销售合同或协议中约定的价格低于买断价格，以及属于受托方与购买方签订销售合同或协议的，则应按买断价格计算的价款于收到受托方已销开发产品清单之日确认收入的实现。第三，采取基价（保底价）并实行超基价双方分成方式委托销售开发产品的，属于由企业与购买方签订销售合同或协议，或企业、受托方、购买方三方共同签订销售合同或协议的，如果销售合同或协议中约定的价格高于基价，则应按销售合同或协议中约定的价格计算的价款于收到受托方已销开发产品清单之日确认收入的实现，企业按规定支付受托方的分成额，不得直接从销售收入中减除；如果销售合同或协议约定的价格低于基价的，则应按基价计算的价款于收到受托方已销开发产品清单之日确认收入的实现。属于由受托方与购买方直接签订销售合同的，则应按基价加上按规定取得的分成额于收到受托方已销开发产品清单之日确认收入的实现。第四，采取包销方式委托销售开发产品的，包销期内可根据包销合同的有关约定，参照上述第一至第三项规定确认收入的实现；包销期满后尚未出售的开发产品，企业应根据包销合同或协议约定的价款和付款方式确认收入的实现。

③企业将开发产品用于捐赠、赞助、职工福利、奖励、对外投资、分配给股东或投资人、抵偿债务、换取其他企事业单位和个人的非货币性资产等行为，应视同销售，于开发产品所有权或使用权转移，或于实际取得利益权利时确认收入（或利润）的实现。确认收入（或利润）的方法和顺序为：

- 按本企业近期或本年度最近月份同类开发产品市场销售价格确定；
- 由主管税务机关参照当地同类开发产品市场公允价值确定；
- 按开发产品的成本利润率确定。开发产品的成本利润率不得低于15％，具体比例由主管税务机关确定。

④企业销售未完工开发产品的计税毛利率由各省、自治、直辖市国家税务局、地方税务局按下列规定进行确定：

- 开发项目位于省、自治区、直辖市和计划单列市人民政府所在地城市城区和郊区的，不得低于15%。

- 开发项目位于地及地级市城区及郊区的，不得低于10%。

- 开发项目位于其他地区的，不得低于5%。

- 属于经济适用房、限价房和危改房的，不得低于3%。

⑤企业销售未完工开发产品取得的收入，应先按预计计税毛利率分季（或月）计算出预计毛利额，计入当期应纳税所得额。开发产品完工后，企业应及时结算其计税成本并计算此前销售收入的实际毛利额，同时将其实际毛利额与其对应的预计毛利额之间的差额，计入当年度企业本项目与其他项目合并计算的应纳税所得额。

在年度纳税申报时，企业须出具对该项开发产品实际毛利额与预计毛利额之间差异调整情况的报告以及税务机关需要的其他相关资料。

⑥企业新建的开发产品在尚未完工或办理房地产初始登记、取得产权证前，与承租人签订租赁预约协议的，自开发产品交付承租人使用之日起，出租方取得的预租价款按租金确认收入的实现。

第三节　视同销售事项

视同销售是指在会计上不作为销售核算，而在税收上作为销售，确认收入计缴税金的商品或劳务的转移行为。根据《中华人民共和国企业所得税法实施条例》第二十五条规定，企业发生非货币性资产交换以及将货物、财产、劳务用于捐赠、偿债、赞助、集资、广告、样品、职工福利或者利润分配等用途的，应当视同销售货物、转让财产或者提供劳务，但国务院财政、税务主管部门另有规定的除外。

企业发生下列情形的处置资产，除将资产转移至境外以外，由于资产所有权属在形式和实质上均不发生改变，可作为内部处置资产，不视同销售确认收入，相关资产的计税基础延续计算：将资产用于生产、制造、加工另一产品；改变资产形状、结构或性能；改变资产用途（如，自建商品房转为自用或经营）；将资产在总机构及其分支机构之间转移；上述两种或两种以上情形的混合；其他不改变资产所有权属的用途。

【例 4—2—11】青青公司于 2013 年 12 月 31 日将一批库存商品从总公司转移到分公司。青青公司的行为是否应当视同销售？

根据上述《国家税务总局关于企业处置资产所得税处理问题的通知》（国税函〔2008〕828 号）的规定，青青公司的上述行为不视同销售确认收入，相关资产的计税基础延续计算。

企业将资产移送他人的下列情形，因资产所有权属已发生改变而不属于内部处置资产，应按规定视同销售确定收入：用于市场推广或销售；用于交际应酬；用于职工奖励或福利；用于股息分配；用于对外捐赠；其他改变资产所有权属的用途。企业发生上述情形时，属于企业自制的资产，应按企业同类资产同期对外销售价格确定销售收入；属于外购的资产，可按购入时的价格确定销售收入。

【例 4—2—12】青青公司于 2013 年 12 月 31 日将一批自制产品和外购商品用于职工福利，其中自制产品的同期对外销售价格为 10 万元，外购商品的购入价格为 5 万元。青青公司的行为是否应当视同销售？

根据上述《国家税务总局关于企业处置资产所得税处理问题的通知》（国税函〔2008〕828 号）的规定，青青公司的上述行为应当视同销售确认收入，其中自制产品应按同期对外销售价格确认收入 10 万元，外购商品应按购入价格确认收入 5 万元。

第四节 不征税收入

不征税收入是指从性质和根源上不属于企业营利性活动带来的经济利益、不负有纳税义务并不作为应纳税所得额组成部分的收入。《中华人民共和国企业所得税法》第七条规定，收入总额中的下列收入为不征税收入：财政拨款，依法收取并纳入财政管理的行政事业性收费、政府性基金，国务院规定的其他不征税收入。

企业从县级以上各级人民政府财政部门及其他部门取得的应计入收入总额的财政性资金，凡同时符合以下条件的，可以作为不征税收入，在计算应纳税所得额时从收入总额中减除：企业能够提供规定资金专项用途的资金拨付文件；财政部门或其他拨付资金的政府部门对该资金有专门的资金管理办法或具体管理要求；企业对该资金以及以该资金发生的支出单独进行核算。

上述不征税收入用于支出所形成的费用，不得在计算应纳税所得额时扣除；用于支出所形成的资产，其计算的折旧、摊销不得在计算应纳税所得额时扣除。由此可以看出，这里的不征税收入，由于其支出不允许在企业所得税前扣除，只是递延纳税，并非真正的免税。

企业将符合上述条件的财政性资金作不征税收入处理后，在 5 年（60 个月）内未发生支出且未缴回财政部门或其他拨付资金的政府部门的部分，应计入取得该资金第六年的应税收入总额；计入应税收入总额的财政性资金发生的支出，允许在计算应纳税所得额时扣除。

第三章 企业所得税税前扣除实务

第一节 税前扣除的简单分类

《企业所得税法》第八条规定，企业实际发生的与取得收入有关的、合理的支出，包括成本、费用、税金、损失和其他支出，可以在计算应纳税所得额时扣除。

《企业所得税法实施条例》第二十七条规定，企业所得税法第八条所称有关的支出，是指与取得收入直接相关的支出；企业所得税法第八条所称合理的支出，是指符合生产经营活动常规，应当计入当期损益或者有关资产成本的必要和正常的支出。第二十八条规定，企业发生的支出应当区分收益性支出和资本性支出。收益性支出在发生当期直接扣除；资本性支出应当分期扣除或者计入有关资产成本，不得在发生当期直接扣除。企业的不征税收入用于支出所形成的费用或者财产，不得扣除或者计算对应的折旧、摊销扣除。除《企业所得税法》和《企业所得税法实施条例》另有规定外，企业实际发生的成本、费用、税金、损失和其他支出，不得重复扣除。

一般而言，一项支出可以税前扣除，必须同时符合三个条件：

（1）符合权责发生制原则：属于当期费用。

（2）实际发生的支出：已经现金支付或者已经形成企业的到期债务。

（3）取得合法凭证：征税范围内的应取得发票，但发票开具方若因纳税义务发生时间未到而暂不能开具发票，可暂允许凭合同扣除，但最终必须取得发票，否则在企业所得税汇算清缴时要进行纳税调整。

第二节　工资薪金及相关费用

《企业所得税法实施条例》第二十七条规定，企业发生的合理的工资薪金支出，准予扣除。工资薪金，是指企业每一纳税年度支付给在本企业任职或者受雇的员工的所有现金形式或者非现金形式的劳动报酬，包括基本工资、奖金、津贴、补贴、年终加薪、加班工资以及与员工任职或者受雇有关的其他支出。

一、合理工资薪金的判断原则

合理工资薪金，是指企业按照股东大会、董事会、薪酬委员会或相关管理机构制订的工资薪金制度规定实际发放给员工的工资薪金。税务机关在对工资薪金进行合理性确认时，可按以下原则掌握：

（1）企业制订了较为规范的员工工资薪金制度。

（2）企业所制订的工资薪金制度符合行业及地区水平。

（3）企业在一定时期所发放的工资薪金是相对固定的，工资薪金的调整是有序进行的。

（4）企业对实际发放的工资薪金，已依法履行了代扣代缴个人所得税义务。

（5）有关工资薪金的安排，不以减少或逃避税款为目的。

对工资支出合理性的判断，主要包括两个方面：一是雇员实际提供了服务；二是报酬总额在数量上是合理的。实际操作中主要考虑雇员的职责、过去的报酬情况、雇员的业务量和复杂程度等相关因素，以及当地同行业职工平均工资水平。同时要求企业建立健全内部工资薪金管理规范，明确内部工资发放标准和程序，每次工资调整都要有案可查、有章可循。

此外还要注意，企业每一笔工资薪金支出，是否及时、足额代扣代缴了个人所得税。

二、工资薪金总额必须实际发放

工资薪金总额，是指企业按照上述规定实际发放的工资薪金总和，不包括企业的职工福利费、职工教育经费、工会经费以及养老保险费、医疗保险费、失业保险费、工伤保险费、生育保险费等社会保险费和住房公积金。属于国有性质的企业，其工资薪金，不得超过政府有关部门给予的限定数额；超过部分，不得计入企业工资薪金总额，也不得在计算企业应纳税所得额时扣除。

关于工资薪金总额至少应当关注三个问题：

（1）实际工资薪金总额是计算税法规定的职工福利费、职工教育经费、工会经费以及其他相关指标税前扣除限额的基本依据。企业应当通过"应付职工薪酬——工资"账户对工资薪金总额进行单独核算。

（2）不合理的工资薪金即使实际发放也不得扣除。

（3）超过限定数额的工资薪金本身不得包括在所得税指标"工资薪金总额"之中，可以作为一项单独的不得扣除的支出项目对待，但是不能将其作为计算职工福利费、职工教育经费、工会经费等税前扣除限额的依据。

此外，根据《国家税务总局关于企业所得税若干问题的公告》（2011年第34号）的规定，企业当年度实际发生的相关成本、费用，由于各种原因未能及时取得该成本、费用的有效凭证，企业在预缴季度所得税时，可暂按账面发生金额进行核算；但在汇算清缴时，应补充提供该成本、费用的有效凭证。因此，企业跨年度工资支付，只要在5月31日之前实际发放给职工，就可以在上一年度的费用中列支，在上一年度的企业所得税前进行扣除。但这还要看全国各地税务机关的实际执行情况而定，有的地方税务机关按照收付实现制的原则处理，即只能在实际发放的年度进行扣除；

有的地方税务机关依据权责发生制原则处理，即可以在上一年度税前扣除。

三、职工福利费必须按规定用途使用

企业职工福利费，包括以下内容：

（1）尚未实行分离办社会职能的企业，其内设福利部门所发生的设备、设施和人员费用，包括职工食堂、职工浴室、理发室、医务所、托儿所、疗养院等集体福利部门的设备、设施及维修保养费用和福利部门工作人员的工资薪金、社会保险费、住房公积金、劳务费等。

值得注意的是，职工集体福利部门在福利活动过程中发生的业务成本并没有被要求纳入福利费核算，比如职工食堂购买米面油菜等原材料的支出。这些原材料支出是否可以扣除，不可一概而论，要结合食堂的组织形式、票据管理等具体判断。

（2）为职工卫生保健、生活、住房、交通等所发放的各项补贴和非货币性福利，包括企业向职工发放的因公外地就医费用、未实行医疗统筹企业职工医疗费用、职工供养直系亲属医疗补贴、供暖费补贴、职工防暑降温费、职工困难补贴、救济费、职工食堂经费补贴、职工交通补贴等。

需要说明的是，对内部职工食堂经费补贴，应附有外购物品的发票及支付款项的收付款单据，为食堂服务的员工工资以工资单作为支付单据，外聘劳务工报酬以劳务发票为支付单据。对企业按一定标准定额从福利费中拨付给企业内部自办的职工食堂用于职工用餐支出的，企业可凭董事会或职工代表大会决议按实际拨付额据实扣除。

（3）按照其他规定发生的其他职工福利费，包括丧葬补助费、抚恤费、安家费、探亲假路费等。

四、职工福利费必须单独设置账册核算

企业发生的职工福利费，应该单独设置账册，进行准确核算。没有

单独设置账册准确核算的，税务机关应责令企业在规定的期限内进行改正。逾期仍未改正的，税务机关可对企业发生的职工福利费进行合理的核定。

为了达到单独设置账册准确核算的目的，企业可以通过"应付职工薪酬———职工福利费"账户，归集核算发生的职工福利费支出。企业也可以采取"平时预提、年终结算"的方式核算职工福利费，但核算比较复杂。

五、关于季节工、临时工等费用税前扣除问题

企业因雇用季节工、临时工、实习生、返聘离退休人员以及接受外部劳务派遣用工所实际发生的费用，应区分为工资薪金支出和职工福利费支出，并按《企业所得税法》规定在企业所得税前扣除。其中属于工资薪金支出的，准予计入企业工资薪金总额的基数，作为计算其他各项相关费用扣除的依据。

六、工资薪金的扣除方法

由于在职工所从事的工作性质不同，税前扣除的时间、方法及列支渠道也不同。

（1）企业筹建期间发生的工资薪金记入待摊费用，按照《国家税务总局关于企业所得税若干税务事项衔接问题的通知》（国税函〔2009〕98号）规定，企业可以在开始经营之日的当年一次性扣除，也可以按照新税法有关长期待摊费用的处理规定处理，但一经选定，不得改变。

（2）生产部门发生的工资薪金计入生产成本，待产品完工出售后，随产品销售成本在确认产品销售收入实现的月份扣除。

（3）劳务部门发生的工资薪金计入劳务成本，在确认劳务收入实现的月份扣除。

（4）管理部门发生的工资薪金计入管理费用，在发生的当期扣除。

（5）工程人员的工资薪金计入在建工程，在工程完工交付使用后随着

每月计提的折旧在税前扣除。

（6）工业企业采购、销售部门发生的工资薪金分别计入管理费用、销售费用（商业企业记入营业费用）在发生的当期扣除。

（7）研发人员的工资薪金计入研发支出，符合国家规定范围内的研发项目，其研发人员的工资薪金随同其他研发费用一起在研发结束时按规定在所得税前扣除。

第三节　限额性费用

一、手续费及佣金支出的扣除制度

企业发生与生产经营有关的手续费及佣金支出，不超过以下规定计算限额以内的部分，准予扣除；超过部分，不得扣除。

（1）保险企业：财产保险企业按当年全部保费收入扣除退保金等后余额的15％（含本数，下同）计算限额；人身保险企业按当年全部保费收入扣除退保金等后余额的10％计算限额。

（2）其他企业：按与具有合法经营资格中介服务机构或个人（不含交易双方及其雇员、代理人和代表人等）所签订服务协议或合同确认的收入金额的5％计算限额。

【例4－3－1】青青公司于2013年8月30日与甲公司签订一项委托代销商品合同，合同规定，青青公司将A产品100件委托甲公司代销，对外不含税售价每件10万元，单位成本每件6万元，增值税率17％，产品销售后青青公司按不含税售价的10％支付手续费。2013年9月30日甲公司将A产品全部销售并开出代销清单，青青公司收到甲公司开具的代销清单时，向甲公司开具一张增值税专用发票。2013年10月8日青青公司收到全部货款。假定：2013年8月30日青青公司发出商品时纳税义务尚未发生；青青公司采用实际成本核算。青青公司该如何进行账务处理？青青公司可以税前扣除的手续费是多少？如何多扣除一些手续费？

（1）青青公司的账务处理如下：

①2013 年 8 月 31 日发出商品时：

借：发出商品（委托代销商品）　（100×60 000）6 000 000

　　贷：库存商品　　　　　　　　　　　　　　　6 000 000

②2013 年 9 月 30 日收到代销清单时：

借：应收账款　　　　　　　　　　　　　　11 700 000

　　贷：主营业务收入　　　（100×100 000）10 000 000

　　　　应交税费——应交增值税（销项税额）　1 700 000

借：主营业务成本　　　　　　　　　　　　　6 000 000

　　贷：发出商品（委托代销商品）　　　　　　6 000 000

借：销售费用　　　（10 000 000×10%）1 000 000

　　贷：应收账款　　　　　　　　　　　　　　1 000 000

③2013 年 10 月 8 日收到甲公司支付的货款时：

借：银行存款　　　　　　　　　　　　　　10 700 000

　　贷：应收账款　　　　　　　　　　　　　10 700 000

（2）青青公司可以税前扣除的手续费为 10 000 000×5%＝500 000（元）。

由于企业支付的手续费扣除上限比较低，可能导致企业实际支付的手续费无法税前扣除。对此，企业在约定手续费时，就应该严格按照税法的相关规定，把支付上限控制在 5% 以内。如果要支付的手续费超过 5% 的限额，考虑是否可以将部分手续费转化为其他形式，如以劳务报酬的方式向个人支付部分手续费等，以此来解决超过限额手续费无法扣除的问题。

企业应与具有合法经营资格中介服务企业或个人签订代办协议或合同，并按国家有关规定支付手续费及佣金。除委托个人代理外，企业以现金等非转账方式支付的手续费及佣金不得在税前扣除。企业为发行权益性证券支付给有关证券承销机构的手续费及佣金不得在税前扣除。

企业不得将手续费及佣金支出计入回扣、业务提成、返利、进场费等费用。企业已计入固定资产、无形资产等相关资产的手续费及佣金支出，应当通过折旧、摊销等方式分期扣除，不得在发生当期直接扣除。企业支付的手续费及佣金不得直接冲减服务协议或合同金额，并如实入账。企业应当如实向当地主管税务机关提供当年手续费及佣金计算分配表和其他相关资料，并依法取得合法真实凭证。

二、三项经费的扣除制度

三项经费是指职工福利费、工会经费和职工教育经费。

（1）《企业所得税法实施条例》第四十条规定，企业发生的职工福利费支出，不超过工资薪金总额14％的部分，准予扣除。

【例4-3-2】青青公司2013年发生如下职工福利费支出：发放职工防暑降温费25万元，其中生产工人20万元，企业管理人员5万元；拨付职工食堂餐饮补贴120万元，其中生产工人100万元，管理人员20万元；补助困难职工5万元，当年实际发放给员工的工资薪金总额为1 000万元。

①青青公司的账务处理如下：

支付职工福利费时：

借：应付职工薪酬——应付福利费　　　　　　　　　1 500 000

　　贷：银行存款　　　　　　　　　　　　　　　　　　　1 500 000

计入成本费用时：

借：管理费用——福利费　　　　　　　　　　　　　　300 000

　　生产成本——福利费　　　　　　　　　　　　　1 200 000

　　贷：应付职工薪酬——应付福利费　　　　　　　　　1 500 000

②当年职工福利费允许税前扣除的金额为1 000×14％＝140（万元），根据《企业所得税法实施条例》第四十条规定，青青公司当年需调增应纳税所得额10（150－140）万元。

（2）《企业所得税法实施条例》第四十一条规定，企业拨缴的工会经费，不超过工资薪金总额2％的部分，准予扣除。《国家税务总局关于工会经费企业所得税税前扣除凭据问题的公告》（2010年第24号）规定，自2010年7月1日起，企业拨缴的职工工会经费，不超过工资薪金总额2％的部分，凭工会组织开具的《工会经费收入专用收据》在企业所得税税前扣除。

（3）《企业所得税法实施条例》第四十二条规定，除国务院财政、税务主管部门另有规定外，企业发生的职工教育经费支出，不超过工资薪金总额2.5％的部分，准予扣除；超过部分，准予在以后纳税年度结转扣除。在实际操作时需要注意下列事项：

①实际发生方可税前扣除。职工教育经费税前扣除的第一个条件必须是企业实际发生的，而不是计提数，且实际发生数不得超过工资薪金总额2.5％。

②超过比例部分可以向以后纳税年度结转扣除。这也是需要注意的问题，而且向以后纳税年度结转并没有规定时间限制。

③注意职工教育经费的开支范围。根据《关于企业职工教育经费提取和使用管理的意见》（财建〔2006〕317号）第三条第五款规定，企业职工教育培训经费列支范围包括：上岗和转岗培训；各类岗位适应性培训；岗位培训、职业技术等级培训、高技能人才培训；专业技术人员继续教育；特种作业人员培训；企业组织的职工外送培训的经费支出；职工参加的职业技能鉴定、职业资格认证等经费支出；购置教学设备与设施；职工岗位自学成才奖励费用；职工教育培训管理费用；有关职工教育的其他开支。

此外，该文件还规定，企业职工参加社会上的学历教育以及个人为取得学位而参加的在职教育，所需费用应由个人承担，不能挤占企业的职工教育培训经费；对于企业高层管理人员的境外培训和考察，其一次性单项支出较高的费用应从其他管理费用中支出，避免挤占日常的职工教育培训经费开支。

三、业务招待费支出的扣除制度

《企业所得税法实施条例》第四十三条规定，企业发生的与生产经营活动有关的业务招待费支出，按照发生额的60％扣除，但最高不得超过当年销售（营业）收入的5‰。一方面，企业发生的业务招待费只允许列支60％，是为了区分业务招待费中的商业招待和个人消费，通过设计一个统一的比例，将业务招待费中的个人消费部分去掉。另一方面，最高扣除额限制为当年销售（营业）收入的5‰，这是用来防止有些企业为不调增40％的业务招待费，采用多找餐费发票甚至假发票冲账，造成业务招待费虚高的情况。

那么，企业如何既能充分使用业务招待费的限额，又可以最大限度地减少纳税调整事项呢？我们不妨设个方程式，设某企业当期销售（营业）收入为 X，当期列支业务招待费为 Y，按照规定，当期允许税前扣除的业务招待费金额为 $60\% \times Y$，同时要满足 $\leqslant 5‰ \times X$，由此可以推算出，在 $60\% \times Y = 5‰ \times X$ 这个点上，可以同时满足企业的要求。对上式变形后得出 $8.3‰ \times X = Y$，即如果当期列支的业务招待费等于销售（营业）收入的8.3‰这个临界点时，企业就可以充分利用好上述政策。有了这个数据，企业在预算业务招待时，可以先估算当期的销售（营业）收入，然后按8.3‰的比例大致测算出合适的业务招待费预算值。

此外，在税务执法实践中，通常将业务招待费的支付范围界定为餐饮、香烟、水、食品、正常的娱乐活动等产生的费用支出。在企业，餐费产生的原因各种各样，如：年末的员工大会餐，加班吃顿工作餐，拍摄影视作品时吃饭作为道具出现等等……这些与接待客户根本没有必然关系，所以，上述费用或作为福利费、或作为电影成本来核算。也就是说，餐费不一定都是用于接待客户，也不一定就是业务招待费。企业在平时要做好记录，严格管理、准确分类，归入不同的费用项目，是不需要一见餐费就作为业务招待费来处理的。

四、广告费和业务宣传费的扣除制度

《企业所得税法实施条例》第四十四条规定，企业发生的符合条件的广告费和业务宣传费支出，除国务院财政、税务主管部门另有规定外，不超过当年销售（营业）收入15%的部分，准予扣除；超过部分，准予在以后纳税年度结转扣除。《财政部、国家税务总局关于广告费和业务宣传费支出税前扣除政策的通知》（财税〔2012〕48号）对有关广告费及业务宣传费支出税前扣除事项做了特殊规定。

1. 广告费与业务宣传费实行合并扣除

所得税扣除规定中的广告费是指企业通过一定媒介和形式直接或者间接地介绍自己所推销的商品或所提供的服务，激发消费者对其产品或劳务的购买欲望，以达到促销的目的，而支付给广告经营者、发布者的费用；业务宣传费是指企业开展业务宣传活动所支付的费用，主要是指未通过广告发布者传播的广告性支出，包括企业发放的印有企业标志的礼品、纪念品等。二者的根本性区别为是否取得广告业专用发票。

广告费与业务宣传费都是为了达到促销之目的进行宣传而支付的费用，既有共同属性也有区别。由于税法对广告费与业务宣传费均规定实行合并扣除，因此再从属性上对二者进行区分已没有任何实质意义，企业无论是取得广告业专用发票通过广告公司发布广告，还是通过各类印刷、制作单位制作如购物袋、遮阳伞、各类纪念品等印有企业标志的宣传物品，所支付的费用均可合并在规定比例内予以扣除。

2. 三类企业的广告费和业务宣传费扣除标准为当年销售（营业）收入的30%

对化妆品制造与销售、医药制造和饮料制造（不含酒类制造，下同）企业发生的广告费和业务宣传费支出，不超过当年销售（营业）收入30%的部分，准予扣除；超过部分，准予在以后纳税年度结转扣除。除以上列举的化妆品制造与销售、医药制造和饮料制造企业以及烟草企业外，包括酒类制造企业在内的其他企业，仍应依照《企业所得税法实施条例》第四十四条，按不超过15％的标准进行税前扣除。

3. 烟草企业的烟草广告费和业务宣传费不得扣除

烟草企业的烟草广告费和业务宣传费支出，一律不得在计算应纳税所得额时扣除。至于非烟草企业的烟草广告，可按不超过销售收入的15％予以扣除。

4. 对关联企业的广告费和业务宣传费可按分摊协议归集扣除

对签订广告费和业务宣传费分摊协议（以下简称分摊协议）的关联企业，其中一方发生的不超过当年销售（营业）收入税前扣除限额比例内的广告费和业务宣传费支出可以在本企业扣除，也可以将其中的部分或全部按照分摊协议归集至另一方扣除。另一方在计算本企业广告费和业务宣传费支出企业所得税税前扣除限额时，可将按照上述办法归集至本企业的广告费和业务宣传费不计算在内。

执行该条规定应注意以下几点：

（1）根据税法规定，关联企业是指有下列关系之一的公司、企业和其他经济组织：在资金、经营、购销等方面，存在直接或者间接的拥有或者控制关系；直接或者间接地同为第三者所拥有或者控制；在利益上具有相关联的其他关系。

（2）关联企业之间应签订有广告费和业务宣传费分摊协议。

（3）在本企业扣除或归集至关联企业另一方扣除，可以根据分摊协议自由选择。

（4）接受归集扣除的关联企业不占用本企业原扣除限额。即本企业可扣除的广告宣传费按规定照常计算扣除限额，另外还可以将关联企业未扣除而归集来的广告宣传费在本企业扣除。

（5）总体扣除限额不得超出规定标准。归集到关联企业另一方扣除的广告宣传费只能是费用发生企业依法可扣除限额内的部分或者全部，而不是实际发生额。如一般企业应先按不超过销售（营业）收入的15％，化妆品制造与销售等前述三类企业按不超过销售（营业）收入的30％，计算出本年可扣除限额，再选择是部分还是全部归集至关联企业扣除。

五、公益性捐赠支出的扣除制度

《企业所得税法实施条例》第五十三条规定，企业发生的公益性捐赠支出，不超过年度利润总额12％的部分，准予扣除。年度利润总额，是指企业依照国家统一会计制度的规定计算的年度会计利润。

公益性捐赠是指企业通过公益性社会团体或者县级以上人民政府及其部门，用于《中华人民共和国公益事业捐赠法》规定的公益事业的捐赠。公益性社会团体，是指同时符合下列条件的基金会、慈善组织等社会团体：依法登记，具有法人资格；以发展公益事业为宗旨，且不以营利为目的；全部资产及其增值为该法人所有；收益和营运结余主要用于符合该法人设立目的的事业；终止后的剩余财产不归属任何个人或者营利组织；不经营与其设立目的无关的业务；有健全的财务会计制度；捐赠者不以任何形式参与社会团体财产的分配；国务院财政、税务主管部门会同国务院民政部门等登记管理部门规定的其他条件。

对于通过公益性社会团体发生的公益性捐赠支出，企业或个人应提供省级以上（含省级）财政部门印制并加盖接受捐赠单位印章的公益性捐赠票据，或加盖接受捐赠单位印章的《非税收入一般缴款书》收据联，方可按规定进行税前扣除。

对于通过公益性社会团体发生的公益性捐赠支出，主管税务机关应对照财政、税务、民政部门联合公布的名单予以办理，即接受捐赠的公益性社会团体位于名单内的，企业或个人在名单所属年度向名单内的公益性社会团体进行的公益性捐赠支出可按规定进行税前扣除；接受捐赠的公益性社会团体不在名单内，或虽在名单内但企业或个人发生的公益性捐赠支出不属于名单所属年度的，不得扣除。

第四节 固定资产折旧

《企业所得税法实施条例》第五十七条规定，固定资产是指企业为生产产品、提供劳务、出租或者经营管理而持有的、使用时间超过12个月的非货币性资产，包括房屋、建筑物、机器、机械、运输工具以及其他与生产经营活动有关的设备、器具、工具等。

一、计提折旧的固定资产范围

(1)《企业会计准则第4号——固定资产》第十四条规定，企业应当对所有固定资产计提折旧。但是，已提足折旧仍继续使用的固定资产和单独计价入账的土地除外。

在确定计提折旧的范围时还应注意以下几点：

①固定资产应当按月计提折旧。固定资产应自达到预定可使用状态时开始计提折旧，终止确认时或划分为持有待售非流动资产时停止计提折旧。

②固定资产提足折旧后，不论能否继续使用，均不再计提折旧，提前报废的固定资产也不再补提折旧。

③已达到预定可使用状态但尚未办理竣工决算的固定资产，应当按照估计价值确定其成本，并计提折旧；待办理竣工决算后再按实际成本调整原来的暂估价值，但不需要调整原已计提的折旧额。

(2)《企业所得税法》第十一条规定，在计算应纳税所得额时，企业按照规定计算的固定资产折旧，准予扣除。

下列固定资产不得计算折旧扣除：

① 房屋、建筑物以外未投入使用的固定资产；

②以经营租赁方式租入的固定资产；

③以融资租赁方式租出的固定资产；

④已足额提取折旧仍继续使用的固定资产；

⑤与经营活动无关的固定资产；

⑥单独估价作为固定资产入账的土地；

⑦ 其他不得计算折旧扣除的固定资产。

二、固定资产的计税基础

资产的计税基础，是指企业收回资产账面价值过程中，计算应纳税所得额时按照税法规定可以从应纳税所得额中扣除的金额。

《企业所得税法实施条例》第五十八条规定，固定资产按照以下方法确定计税基础：

（1）外购的固定资产，以购买价款和支付的相关税费以及直接归属于使该资产达到预定用途发生的其他支出为计税基础；

（2）自行建造的固定资产，以竣工结算前发生的支出为计税基础；

（3）融资租入的固定资产，以租赁合同约定的付款总额和承租人在签订租赁合同过程中发生的相关费用为计税基础，租赁合同未约定付款总额的，以该资产的公允价值和承租人在签订租赁合同过程中发生的相关费用为计税基础；

（4）盘盈的固定资产，以同类固定资产的重置完全价值为计税基础；

（5）通过捐赠、投资、非货币性资产交换、债务重组等方式取得的固定资产，以该资产的公允价值和支付的相关税费为计税基础；

（6）改建的固定资产，除企业所得税法第十三条第（一）项（已足额提取折旧的固定资产的改建支出）和第（二）项（租入固定资产的改建支出）规定的支出外，以改建过程中发生的改建支出增加计税基础。

三、计提折旧的方法、时间、残值率及年限

1. 固定资产折旧方法

《企业所得税法实施条例》第五十九条规定，固定资产按照直线法计算的折旧，准予扣除。

直线法即平均年限法，是将固定资产的折旧额均衡地分摊到各期的一

种方法。其计算公式为：

$$固定资产年折旧额＝（固定资产原值－预计净残值）÷预计使用年限$$

$$月折旧额＝固定资产年折旧额÷12$$

$$或：年折旧率＝（1－预计净残值率）÷规定的折旧年限×100\%$$

$$月折旧率＝年折旧率÷12$$

$$月折旧额＝固定资产原值×月折旧率$$

2. 固定资产折旧起止时间

企业应当自固定资产投入使用月份的次月起计算折旧；停止使用的固定资产，应当自停止使用月份的次月起停止计算折旧。

3. 固定资产的预计净残值

企业应当根据固定资产的性质和使用情况，合理确定固定资产的预计净残值。固定资产的预计净残值一经确定，不得变更。

预计净残值是指固定资产在报废时，预计残料变价收入扣除清算时清算费用后的净值。

4. 折旧的最低年限

《企业所得税法实施条例》第六十条规定，除国务院财政、税务主管部门另有规定外，固定资产计算折旧的最低年限如下：

（1）房屋、建筑物，为 20 年；

（2）飞机、火车、轮船、机器、机械和其他生产设备，为 10 年；

（3）与生产经营活动有关的器具、工具、家具等，为 5 年；

（4）飞机、火车、轮船以外的运输工具，为 4 年；

（5）电子设备，为 3 年。

5. 关于已购置的固定资产预计净残值和折旧年限的处理问题

《国家税务总局关于企业所得税若干税务事项衔接问题的通知》（国税函〔2009〕98 号）规定，新税法实施前已投入使用的固定资产，企业已按原税法规定预计净残值并计提的折旧，不做调整。新税法实施后，对此类继续使用的固定资产，可以重新确定其残值，并就其尚未计提折旧的余额，按照新税法规定的折旧年限减去已经计提折旧的年限后的剩余年限，按照新税法规定的折旧方法计算折旧。新税法实施后，固定资产原确定的折旧年限不违背新税法规定原则的，也可以继续执行。

6. 集成电路企业生产设备折旧

《财政部、国家税务总局关于进一步鼓励软件产业和集成电路产业发展企业所得税政策的通知》（财税〔2012〕27 号）规定，集成电路生产企业的生产设备，其折旧年限可以适当缩短，最短可为 3 年（含）。

7. 开采石油、天然气等矿产资源发生的费用、折旧

《企业所得税法实施条例》第六十一条规定，从事开采石油、天然气等矿产资源的企业，在开始商业性生产前发生的费用和有关固定资产的折耗、折旧方法，由国务院财政、税务主管部门另行规定。《财政部、国家税务总局关于开采油（气）资源企业费用和有关固定资产折耗、摊销、折旧税务处理问题的通知》（财税〔2009〕49 号）就从事开采石油、天然气（包括煤层气，下同）的矿产资源油气企业（以下简称油气企业）在开始商业性生产前发生的费用和有关固定资产的折耗、摊销、折旧方法做了明确规定。

第五节 资产损失

资产损失，是指企业在生产经营活动中实际发生的、与取得应税收入有关的资产损失，包括现金损失，存款损失，坏账损失，贷款损失，股权投资损失，固定资产和存货的盘亏、毁损、报废、被盗损失，自然灾害等不可抗力因素造成的损失以及其他损失。

企业清查出的现金短缺减除责任人赔偿后的余额，作为现金损失在计算应纳税所得额时扣除。

企业将货币性资金存入法定具有吸收存款职能的机构，因该机构依法破产、清算，或者政府责令停业、关闭等原因，确实不能收回的部分，作为存款损失在计算应纳税所得额时扣除。

企业除贷款类债权外的应收、预付账款符合下列条件之一的，减除可收回金额后确认的无法收回的应收、预付款项，可以作为坏账损失在计算应纳税所得额时扣除：

（1）债务人依法宣告破产、关闭、解散、被撤销，或者被依法注销、吊销营业执照，其清算财产不足清偿的；

（2）债务人死亡，或者依法被宣告失踪、死亡，其财产或者遗产不足清偿的；

（3）债务人逾期 3 年以上未清偿，且有确凿证据证明已无力清偿债务的；

（4）与债务人达成债务重组协议或法院批准破产重整计划后，无法追偿的；

（5）因自然灾害、战争等不可抗力导致无法收回的；

（6）国务院财政、税务主管部门规定的其他条件。

企业经采取所有可能的措施和实施必要的程序之后，符合下列条件之一的贷款类债权，可以作为贷款损失在计算应纳税所得额时扣除。

（1）借款人和担保人依法宣告破产、关闭、解散、被撤销，并终止法人资格，或者已完全停止经营活动，被依法注销、吊销营业执照，对借款人和担保人进行追偿后，未能收回的债权。

（2）借款人死亡，或者依法被宣告失踪、死亡，依法对其财产或者遗产进行清偿，并对担保人进行追偿后，未能收回的债权。

（3）借款人遭受重大自然灾害或者意外事故，损失巨大且不能获得保险补偿，或者以保险赔偿后，确实无力偿还部分或者全部债务，对借款人财产进行清偿和对担保人进行追偿后，未能收回的债权。

（4）借款人触犯刑律，依法受到制裁，其财产不足归还所借债务，又无其他债务承担者，经追偿后确实无法收回的债权。

（5）由于借款人和担保人不能偿还到期债务，企业诉诸法律，经法院对借款人和担保人强制执行，借款人和担保人均无财产可执行，法院裁定执行程序终结或终止（中止）后，仍无法收回的债权。

（6）由于借款人和担保人不能偿还到期债务，企业诉诸法律后，经法院调解或经债权人会议通过，与借款人和担保人达成和解协议或重整协议，在借款人和担保人履行完还款义务后，无法追偿的剩余债权。

（7）由于上述原因借款人不能偿还到期债务，企业依法取得抵债资产，抵债金额小于贷款本息的差额，经追偿后仍无法收回的债权。

（8）开立信用证、办理承兑汇票、开具保函等发生垫款时，凡开证申请人和保证人由于上述原因，无法偿还垫款，金融企业经追偿后仍无法收回的垫款。

（9）银行卡持卡人和担保人由于上述原因，未能还清透支款项，金融企业经追偿后仍无法收回的透支款项。

（10）助学贷款逾期后，在金融企业确定的有效追索期限内，依法处置助学贷款抵押物（质押物），并向担保人追索连带责任后，仍无法收回的贷款。

（11）经国务院专案批准核销的贷款类债权。

企业的股权投资符合下列条件之一的，减除可收回金额后确认的无法收回的股权投资，可以作为股权投资损失在计算应纳税所得额时扣除：

（1）被投资方依法宣告破产、关闭、解散、被撤销，或者被依法注销、吊销营业执照的；

（2）被投资方财务状况严重恶化，累计发生巨额亏损，已连续停止经营 3 年以上，且无重新恢复经营改组计划的；

（3）对被投资方不具有控制权，投资期限届满或者投资期限已超过 10 年，且被投资单位因连续 3 年经营亏损导致资不抵债的；

（4）被投资方财务状况严重恶化，累计发生巨额亏损，已完成清算或清算期超过 3 年以上的。

对企业盘亏的固定资产或存货，以该固定资产的账面净值或存货的成本减除责任人赔偿后的余额，作为固定资产或存货盘亏损失在计算应纳税所得额时扣除。

对企业毁损、报废的固定资产或存货，以该固定资产的账面净值或存货的成本减除残值、保险赔款和责任人赔偿后的余额，作为固定资产或存货毁损、报废损失在计算应纳税所得额时扣除。

对企业被盗的固定资产或存货，以该固定资产的账面净值或存货的成本减除保险赔款和责任人赔偿后的余额，作为固定资产或存货被盗损失在计算应纳税所得额时扣除。

企业因存货盘亏、毁损、报废、被盗等原因不得从增值税销项税额中抵扣的进项税额，可以与存货损失一起在计算应纳税所得额时扣除。

企业在计算应纳税所得额时已经扣除的资产损失，在以后纳税年度全部或者部分收回时，其收回部分应当作为收入计入收回当期的应纳税所得额。

企业境内、境外营业机构发生的资产损失应分开核算，对境外营业机构由于发生资产损失而产生的亏损，不得在计算境内应纳税所得额时扣除。

企业对其扣除的各项资产损失，应当提供能够证明资产损失确属已实际发生的合法证据，包括具有法律效力的外部证据、具有法定资质的中介机构的经济鉴证证明、具有法定资质的专业机构的技术鉴定证明等。《国家税务总局关于发布＜企业资产损失所得税税前扣除管理办法＞的公告》（2011 年第 25 号）对资产损失税前扣除的申报管理，各类资产损失的确认证据等做了详尽规定。

第六节　不合法凭证

一、合法凭证的基本要求

合法凭证，应该符合两个基本要求：一是凭证要真实，即能够提供证明有关支出确属已经实际发生的适当凭据；二是凭证要合法，应该根据税收的法律、行政法规的规定和国务院财政、税务主管部门的规定据以确认的凭证，其他法规规定与税收法规规定不一致的，以税收法规规定为准。

合法的税收凭证，归纳起来主要包括有发票和发票以外的其他合法凭证，如行政事业性收费的财政收据；收款人签字确认的工资发放表；支付给个人的青苗补偿费，收款人的收款收据等。

二、使用不合法凭证的法律后果

对于不合法凭证，《国家税务总局关于进一步加强普通发票管理工作的通知》（国税发〔2008〕80号）第八条规定，在日常检查中发现纳税人使用不符合规定发票特别是没有填开付款方全称的发票，不得允许纳税人用于税前扣除、抵扣税款、出口退税和财务报销。对应开不开发票、虚开发票、制售假发票、非法代开发票，以及非法取得发票等违法行为，应严格按照《中华人民共和国发票管理办法》的规定处罚；有偷逃骗税行为的，依照《中华人民共和国税收征收管理法》的有关规定处罚；情节严重触犯刑律的，移送司法机关依法处理。

因此，企业如果使用不合法凭证就不得作为财务报销凭证，也不能在税前扣除，将会涉及补税和加收滞纳金，从而增加企业的负担；企业如果违反发票管理法规，导致其他单位或者个人未缴、少缴或者骗取税款的，由税务机关没收非法所得，可以并处未缴、少缴或者骗取的税款一倍以下的罚款。被认定为偷税的，就会被处偷税的50%以上五倍以下的罚款。构成犯罪的，将依法追究刑事责任。

三、取得发票并不一定可以扣除

发票是现行经济活动中最主要的合法凭证。税法规定：单位、个人在购销商品、提供或者接受经营服务以及从事其他经营活动中，应当按照规定开具、使用、取得发票。

只有完全具备以下"三性"的发票才是合法有效的发票。

（1）合法性。发票的确立是由法律行政法规作出规定，它是由法定的管理机关——税务机关统一监制，依法印制、使用的发票是财务收支的合法凭证，任何人不得无故拒绝接受，它的流通、传递受法律保护。

私印、私购、盗窃、抢夺、代开、借用的发票是发票的来源非法；弄虚作假开具发票，是开具发票非法；用其他票据代替发票、擅自扩大专业发票使用范围，是发票载体非法；取得"白头单"（也称白条）等非法凭证付款入账，是受理非法凭证。这些都是违反发票管理法规的行为。只有依法印制、依法领购、依法开具、依法取得的发票，才具备发票的合法性。

（2）真实性。指用票单位和个人必须按照法律、行政法规的规定，从客观事实出发，对经济业务进行如实、客观地记录；对接受的发票进行严格的审核把关，去伪存真，以保证原始凭证的真实性。变造、虚开的发票是违反真实性的这一特性，是不能反映经济业务活动原貌的。

（3）时效性。开具发票必须按照税务机关规定的时限进行，不得擅自提前、滞后开具发票，人为调节纳税义务发生时间。

如果不具备合法性、真实性、时效性，那么即使取得了发票也不一定可以扣除。

四、必查发票税前扣除注意事项

《国家税务总局稽查局关于重点企业发票使用情况检查工作相关问题的补充通知》（稽便函［2011］31号）规定，对企业列支项目为"会议费"、"餐费"、"办公用品"、"佣金"和各类手续费等的发票，须列为必查发票进行重点检查。对此类发票要逐笔进行查验比对，重点检查企业是否存在利用虚假发票及其他不合法凭证虚构业务项目、虚列成本费用等问题。

1. 手续费及佣金支出税前扣除问题

手续费及佣金支出，是指企业支付给其他单位或非本企业雇员的支出。企业支付给本企业雇员的销售提成等支出，不属于手续费及佣金支出。《财政部、国家税务总局关于企业手续费及佣金支出税前扣除政策的通知》（财税［2009］29号）规定，除委托个人代理外，企业以现金等非转账方式支付的手续费及佣金不得在税前扣除。

2. 会议费的合法有效凭证问题

《中央国家机关会议费管理办法》（国管财〔2006〕426号）规定，会议费开支包括会议房租费（含会议室租金）、伙食补助费、交通费、办公用品费、文件印刷费、医药费等。会议主办单位不得组织会议代表游览与会议无关的参观，也不得宴请与会人员、发放纪念品及与会议无关的物品。

《辽宁省大连市国家税务局关于明确企业所得税若干业务问题的通知》（大国税函〔2009〕37号）规定，企业发生的与取得收入有关的合理的会议费支出，应按主管税务机关要求，能够提供证明其真实性的合法凭证及相关材料，否则，不得在税前扣除。会议费证明材料应包括：会议时间、地点、预算、出席人员、内容、目的、费用标准、支付凭证等。

据此，会议费包括的内容不仅只是开具为会议费的发票，对能够提供证明、真实发生的相关会议支出，都可以做为会议费扣除，但要注意证明材料的完整性及合法性。

3. 企业差旅费及补助税前扣除问题

差旅费，应提供合法有效凭证，包括内容填写完整、审批手续齐全的差旅费报销单以及车（船、机）票、住宿发票、行李托运发票等。

《辽宁省大连市国家税务局关于明确企业所得税若干业务问题的通知》（大国税函〔2009〕37号）规定，企业发生的与其经营活动有关的合理的差旅费凭真实、合法凭据准予税前扣除，差旅费真实性的证明材料应包括：出差人员姓名、地点、时间、任务、支付凭证等。

企业差旅费补助标准可以按照财政部门制定的标准执行或经企业董事会决议自定标准。自定标准的应将企业董事会决议和内部控制文书报主管税务机关备案。

此外，出差途中的餐费是作为差旅费还是业务招待费呢？如要列入差旅费扣除，需能提供在"出差途中"就餐的证明，反之，计入业务招待费。

4. 业务招待费的合法有效凭证问题

业务招待费是指企业在生产、经营活动中发生的必要的、合理的交际、应酬支出。

首先，业务招待费的支出要与本企业的经营活动"直接相关"，必须具有正常性、必要性、数额合理性。

其次，大量、足够、有效的凭证证明，对获得税前扣除很有帮助。如费用金额、招待、娱乐旅行的时间、地点、商业目的、企业与被招待人之间的业务关系等等。凭证资料可以包括发票、支票、收据、销售账单、会计账目、纳税人或其他方面的证词，越客观的证词越有效。比如，给客户业务员的礼品，大多数情况下并不能取得发票等特定凭证，但只要有接受礼品者的证明，并且接受礼品者与企业确实存在商业业务关系，即可承认该项支出的真实性。

5. 办公用品的合法有效凭证问题

办公用品税前扣除合法有效凭据，包括购置办公用品预算（计划）、办公用品验收入库单、出库领用单以及购买办公用品发票和商品明细清单等资料。办公用品发票未附明细附件，不能说明所买的就是办公用品，换句话就是不能证明费用列支的真实性。特别是行政事业单位，根据《国家税务总局关于转发中纪委《关于坚决制止开具虚假发票公款报销行为的通知》的通知》（国税函〔2003〕230号）的规定，对"办公用品"的购置，必须事前纳入预算管理，预算批准后实施采购。应纳入政府采购的办公用品，必须按政府采购的有关规定实行。购置（采购）后按规定办理入库验收和领用手续。财务报销必须规范报销凭证，附正规发票，如果采购商品较多，货物名称、单价、数量等不能在发票中详细反映，还应附供应商提供的明细清单。

以上要求不仅限于办公用品的购置，对培训费、印制费、物业管理、维修、劳务、软件开发、设备租赁、车辆保险等各项费用的支出，亦应按以上要求办理。

第四章　企业所得税优惠实务

第一节　固定资产加速折旧制度

一、加速折旧条件

根据《企业所得税法》第三十二条及《企业所得税法实施条例》第九十八条的相关规定，企业拥有并用于生产经营的主要或关键的固定资产，由于以下原因确需加速折旧的，可以缩短折旧年限或者采取加速折旧的方法：

（1）由于技术进步，产品更新换代较快的；

（2）常年处于强震动、高腐蚀状态的。

可见，税法是根据固定资产的技术水平、使用环境及是否属于生产经营中主要或关键的资产作为加速折旧的条件。

二、两种特殊情况下的固定资产加速折旧政策

企业拥有并使用的固定资产符合上述规定的，可按以下情况分别处理：

（1）企业过去没有使用过与该项固定资产功能相同或类似的固定资产，但有充分的证据证明该固定资产的预计使用年限短于《企业所得税法实施条例》规定的计算折旧最低年限的，企业可根据该固定资产的预计使用年限和《国家税务总局关于企业固定资产加速折旧所得税处理有关问题的通知》（国税发〔2009〕81号）的规定，对该固定资产采取缩短折旧年

限或者加速折旧的方法。

（2）企业在原有的固定资产未达到《企业所得税法实施条例》规定的最低折旧年限前，使用功能相同或类似的新固定资产替代旧固定资产的，企业可根据旧固定资产的实际使用年限和《国家税务总局关于企业固定资产加速折旧所得税处理有关问题的通知》（国税发〔2009〕81号）的规定，对新替代的固定资产采取缩短折旧年限或者加速折旧的方法。

三、缩短折旧年限方法

企业采取缩短折旧年限方法的，对其购置的新固定资产，最低折旧年限不得低于《企业所得税法实施条例》第六十条规定的折旧年限的60％；若为购置已使用过的固定资产，其最低折旧年限不得低于《企业所得税法实施条例》规定的最低折旧年限减去已使用年限后剩余年限的60％。最低折旧年限一经确定，一般不得变更。

【例4－4－1】青青公司2013年12月取得一台新设备，原值376万元，预计净残值16万元，企业按规定办理了加速折旧备案，税法规定的最低折旧年限为10年，企业选用缩短年限法。

按照国税发〔2009〕81号规定，企业可选用最低折旧年限为$10 \times 60\% = 6$（年），缩短年限前，企业年折旧额为$(376 - 16) \div 10 = 36$（万元），月折旧额为$36 \div 12 = 3$（万元）。缩短年限后，企业年折旧额为$(376 - 16) \div 6 = 60$（万元），月折旧额为$60 \div 12 = 5$（万元），月折旧额提高2（$5 - 3$）万元。

如果甲企业购置的设备是已使用过的固定资产，已使用年限5年，则企业按规定向税务机关备案，可享受的最低折旧年限为$(10 - 5) \times 60\% = 3$（年），比原剩余折旧年限缩短$10 - 5 - 3 = 2$（年）。

四、加速折旧方法

企业拥有并使用符合上述规定条件的固定资产采取加速折旧方法的，可以采用双倍余额递减法或者年数总和法。加速折旧方法一经确定，一般不得变更。

（1）双倍余额递减法，是指在不考虑固定资产预计净残值的情况下，根据每期期初固定资产原值减去累计折旧后的金额和双倍的直线法折旧率计算固定资产折旧的一种方法。应用这种方法计算折旧额时，由于每年年初固定资产净值没有减去预计净残值，所以在计算固定资产折旧额时，应在其折旧年限到期前的两年期间，将固定资产净值减去预计净残值后的余额平均摊销。计算公式如下：

$$年折旧率＝2÷预计使用寿命（年）×100\%$$

$$月折旧率＝年折旧率÷12$$

$$月折旧额＝月初固定资产账面净值×月折旧率$$

【例4－4－2】青青公司2013年12月进口设备一台，价值为100 000元，预计使用年限为5年，预计残值收入5 000元。青青公司按规定向主管税务机关办理了固定资产加速折旧备案，并选用双倍余额递减法计算折旧额。青青公司如何计提折旧？

年折旧率＝2/5×100%＝40%

第1年折旧额＝100 000×40%＝40 000（元）

第2年折旧额＝（100 000－40 000）×40%＝24 000（元）

第3年折旧额＝（100 000－40 000－24 000）×40%＝14 400（元）

第4年年初固定资产的账面净值＝（100 000－40 000－24 000－14 400）＝21 600（元）

第4、5年应改为直线法计提折旧

第4年、5年折旧额＝（21 600－5 000）÷2＝8 300（元）

（2）年数总和法，又称年限合计法，是指将固定资产的原值减去预计净残值后的余额，乘以一个以固定资产尚可使用寿命为分子、以预计使用寿命逐年数字之和为分母的逐年递减的分数计算每年的折旧额。计算公式如下：

$$年折旧率＝尚可使用年限÷预计使用寿命的年数总和×100\%$$

$$月折旧率＝年折旧率÷12$$

$$月折旧额＝（固定资产原值－预计净残值）×月折旧率$$

【例4-4-3】承上例，青青公司如选用年数总和法计算折旧额。青青公司如何计提折旧？

第1年折旧额＝（100 000－5 000）×5/（1＋2＋3＋4＋5）＝31 666.67（元）

第2年折旧额＝（100 000－5 000）×4/（1＋2＋3＋4＋5）＝25 333.33（元）

第3年折旧额＝（100 000－5 000）×3/（1＋2＋3＋4＋5）＝19 000.00（元）

第4年折旧额＝（100 000－5 000）×2/（1＋2＋3＋4＋5）＝12 666.67（元）

第5年折旧额＝（100 000－5 000）×1/（1＋2＋3＋4＋5）＝6333.33（元）

五、固定资产加速折旧的后续管理

企业确需对固定资产采取缩短折旧年限或者加速折旧方法的，应在取得该固定资产后一个月内，向其企业所得税主管税务机关备案，并报送以下资料：

（1）固定资产的功能、预计使用年限短于《实施条例》规定计算折旧的最低年限的理由、证明资料及有关情况的说明；

（2）被替代的旧固定资产的功能、使用及处置等情况的说明；

（3）固定资产加速折旧拟采用的方法和折旧额的说明；

（4）主管税务机关要求报送的其他资料。

企业主管税务机关应在企业所得税年度纳税评估时，对企业采取加速折旧的固定资产的使用环境及状况进行实地核查。对不符合加速折旧规定条件的，主管税务机关有权要求企业停止该项固定资产加速折旧。

六、其他应注意的事项

一项固定资产无论是否采取加速折旧方法，在其整个使用期间所计提的折旧总额都是相同的，而加速折旧之所以属于税收优惠政策，主要在于可使固定资产在使用初期扣除较多折旧，使企业所得税负得以递延，相当于使用一笔无息贷款，有利于减轻企业资金压力。但企业如果对固定资产加速折旧政策使用不当，可能反而会增加其税负。如企业处于税收减免优惠期间，固定资产因加速折旧而在减免期多扣除折旧额，就可能会减少企业可以享受的税收减免额并增加减免税期满后的税负；另外，由于税法规定企业纳税年度发生的亏损准予向以后年度结转的年限最高不超过五年，如果企业因固定资产加速折旧而使该资产使用初期企业发生亏损，同时以后五个年度又不能产生足够所得弥补该亏损，则采取加速折旧方法反而会增加企业税负。

第二节 加计扣除制度

一、研究开发费用加计扣除

1. 研究开发费用加计扣除适用对象

企业研究开发费用税前扣除制度适用于财务核算健全并能准确归集研究开发费用的居民企业（以下简称企业）。

研究开发活动是指企业为获得科学与技术（不包括人文、社会科学）新知识，创造性运用科学技术新知识，或实质性改进技术、工艺、产品（服务）而持续进行的具有明确目标的研究开发活动。创造性运用科学技术新知识，或实质性改进技术、工艺、产品（服务），是指企业通过研究开发活动在技术、工艺、产品（服务）方面的创新取得了有价值的成果，对本地区（省、自治区、直辖市或计划单列市）相关行业的技术、工艺领先具有推动作用，不包括企业产品（服务）的常规性升级或对公开的科研成果直接应用等活动（如直接采用公开的新工艺、材料、装置、产品、服务或知识等）。

2. 允许加计扣除的研究开发活动范围

企业从事《国家重点支持的高新技术领域》和国家发展改革委员会等

部门公布的《当前优先发展的高技术产业化重点领域指南（2007 年度）》规定项目的研究开发活动，其在一个纳税年度中实际发生的下列费用支出，允许在计算应纳税所得额时按照规定实行加计扣除：

（1）新产品设计费、新工艺规程制定费以及与研发活动直接相关的技术图书资料费、资料翻译费。

（2）从事研发活动直接消耗的材料、燃料和动力费用。

（3）在职直接从事研发活动人员的工资、薪金、奖金、津贴、补贴。

（4）专门用于研发活动的仪器、设备的折旧费或租赁费。

（5）专门用于研发活动的软件、专利权、非专利技术等无形资产的摊销费用。

（6）专门用于中间试验和产品试制的模具、工艺装备开发及制造费。

（7）勘探开发技术的现场试验费。

（8）研发成果的论证、评审、验收费用。

由于采用列举的方式，因此除了以上八类费用外，均不得归入实行加计扣除的研究开发活动范围。

3. 合作开发和委托开发的研究开发费用加计扣除的规定

对企业共同合作开发的项目，凡符合上述条件的，由合作各方就自身承担的研发费用分别按照规定计算加计扣除。

对企业委托给外单位进行开发的研发费用，凡符合上述条件的，由委托方按照规定计算加计扣除，受托方不得再进行加计扣除。对委托开发的项目，受托方应向委托方提供该研发项目的费用支出明细情况，否则，该委托开发项目的费用支出不得实行加计扣除。

4. 研究开发费用加计扣除财务核算要求

（1）企业根据财务会计核算和研发项目的实际情况，对发生的研发费用进行收益化或资本化处理的，可按下述规定计算加计扣除：研发费用计入当期损益未形成无形资产的，允许再按其当年研发费用实际发生额的50%，直接抵扣当年的应纳税所得额。研发费用形成无形资产的，按照该无形资产成本的150%在税前摊销。除法律另有规定外，摊销年限不得低于10年。

（2）法律、行政法规和国家税务总局规定不允许企业所得税前扣除的费用和支出项目，均不允许计入研究开发费用。企业未设立专门的研发机构或企业研发机构同时承担生产经营任务的，应对研发费用和生产经营费用分开进行核算，准确、合理地计算各项研究开发费用支出，对划分不清的，不得实行加计扣除。

（3）企业必须对研究开发费用实行专账管理，同时必须按照《国家税务总局关于印发＜企业研究开发费用税前扣除管理办法（试行）＞的通知》（国税发〔2008〕116号）中附表的规定项目，准确归集填写年度可加计扣除的各项研究开发费用实际发生金额。企业应于年度汇算清缴所得税申报时向主管税务机关报送本办法规定的相应资料。申报的研究开发费用不真实或者资料不齐全的，不得享受研究开发费用加计扣除，主管税务机关有权对企业申报的结果进行合理调整。企业在一个纳税年度内进行多个研究开发活动的，应按照不同开发项目分别归集可加计扣除的研究开发费用额。

5. 研究开发费用加计扣除的程序要求

企业申请研究开发费加计扣除时，应向主管税务机关报送如下资料：

（1）自主、委托、合作研究开发项目计划书和研究开发费预算。

（2）自主、委托、合作研究开发专门机构或项目组的编制情况和专业人员名单。

（3）自主、委托、合作研究开发项目当年研究开发费用发生情况归集表。

（4）企业总经理办公会或董事会关于自主、委托、合作研究开发项目立项的决议文件。

（5）委托、合作研究开发项目的合同或协议。

（6）研究开发项目的效用情况说明、研究成果报告等资料。

企业实际发生的研究开发费，在年度中间预缴所得税时，允许据实计算扣除，在年度终了进行所得税年度申报和汇算清缴时，再依照上述规定计算加计扣除。

主管税务机关对企业申报的研究开发项目有异议的，可要求企业提供政府科技部门的鉴定意见书。企业研究开发费各项目的实际发生额归集不准确、汇总额计算不准确的，主管税务机关有权调整其税前扣除额或加计扣除额。

6. 企业集团研究开发费用的加计扣除规定

企业集团根据生产经营和科技开发的实际情况，对技术要求高、投资数额大，需要由集团公司进行集中开发的研究开发项目，其实际发生的研究开发费，可以按照合理的分摊方法在受益集团成员公司间进行分摊。

（1）企业集团采取合理分摊研究开发费的，企业集团应提供集中研究开发项目的协议或合同，该协议或合同应明确规定参与各方在该研究开发项目中的权利和义务、费用分摊方法等内容。如不提供协议或合同，研究开发费不得加计扣除。

（2）企业集团采取合理分摊研究开发费的，企业集团集中研究开发项目实际发生的研究开发费，应当按照权利和义务、费用支出和收益分享一致的原则，合理确定研究开发费用的分摊方法。

（3）企业集团采取合理分摊研究开发费的，企业集团母公司负责编制集中研究开发项目的立项书、研究开发费用预算表、决算表和决算分摊表。

（4）税企双方对企业集团集中研究开发费的分摊方法和金额有争议的，如企业集团成员公司设在不同省、自治区、直辖市和计划单列市的，企业按照国家税务总局的裁决意见扣除实际分摊的研究开发费；企业集团成员公司在同一省、自治区、直辖市和计划单列市的，企业按照省税务机关的裁决意见扣除实际分摊的研究开发费。

二、安置残疾人员所支付工资的加计扣除

（1）企业安置残疾人员的，在按照支付给残疾职工工资据实扣除的基

础上，可以在计算应纳税所得额时按照支付给残疾职工工资的100％加计扣除。

企业就支付给残疾职工的工资，在进行企业所得税预缴申报时，允许据实计算扣除；在年度终了进行企业所得税年度申报和汇算清缴时，再依照上述规定计算加计扣除。

（2）残疾人员的范围适用《残疾人保障法》的有关规定。

（3）企业享受安置残疾职工工资100％加计扣除应同时具备如下条件：

①依法与安置的每位残疾人签订了1年以上（含1年）的劳动合同或服务协议，并且安置的每位残疾人在企业实际上岗工作。

②为安置的每位残疾人按月足额缴纳了企业所在区县人民政府根据国家政策规定的基本养老保险、基本医疗保险、失业保险和工伤保险等社会保险。

③定期通过银行等金融机构向安置的每位残疾人实际支付了不低于企业所在区县适用的经省级人民政府批准的最低工资标准的工资。

④具备安置残疾人上岗工作的基本设施。

（4）企业应在年度终了进行企业所得税年度申报和汇算清缴时，向主管税务机关报送上述相关资料、已安置残疾职工名单及其《中华人民共和国残疾人证》或《中华人民共和国残疾军人证（1至8级)》复印件和主管税务机关要求提供的其他资料，办理享受企业所得税加计扣除优惠的备案手续。

第三节 创投、高新技术企业税收优惠

一、创业投资企业税收优惠政策

创业投资企业是指依照《创业投资企业管理暂行办法》（国家发展和改革委员会等10部委令2005年第39号，以下简称《暂行办法》）和《外商投资创业投资企业管理规定》（商务部等 5 部委令 2003 年第 2 号）在中华人民共和国境内设立的专门从事创业投资活动的企业或其他经济组织。

创业投资企业采取股权投资方式投资于未上市的中小高新技术企业 2 年（24 个月）以上，凡符合以下条件的，可以按照其对中小高新技术企业投资额的 70％，在股权持有满 2 年的当年抵扣该创业投资企业的应纳税所得额；当年不足抵扣的，可以在以后纳税年度结转抵扣。

（1）经营范围符合《暂行办法》规定，且工商登记为"创业投资有限责任公司"、"创业投资股份有限公司"等专业性法人创业投资企业。

（2）按照《暂行办法》规定的条件和程序完成备案，经备案管理部门年度检查核实，投资运作符合《暂行办法》的有关规定。

（3）创业投资企业投资的中小高新技术企业，除应按照科技部、财政部、国家税务总局《关于印发〈高新技术企业认定管理办法〉的通知》（国科发火〔2008〕172 号）和《关于印发〈高新技术企业认定管理工作指引〉的通知》（国科发火〔2008〕362 号）的规定，通过高新技术企业认定以外，还应符合职工人数不超过 500 人，年销售（营业）额不超过 2 亿元，资产总额不超过 2 亿元的条件。

2007 年年底前按原有规定取得高新技术企业资格的中小高新技术企业，且在 2008 年继续符合新的高新技术企业标准的，向其投资满 24 个月的计算，可自创业投资企业实际向其投资的时间起计算。

中小企业接受创业投资之后，经认定符合高新技术企业标准的，应自其被认定为高新技术企业的年度起，计算创业投资企业的投资期限。该期限内中小企业接受创业投资后，企业规模超过中小企业标准，但仍符合高新技术企业标准的，不影响创业投资企业享受有关税收优惠。

创业投资企业申请享受投资抵扣应纳税所得额，应在其报送申请投资抵扣应纳税所得额年度纳税申报表以前，向主管税务机关报送以下资料备案：

（1）经备案管理部门核实后出具的年检合格通知书（副本）；

（2）关于创业投资企业投资运作情况的说明；

（3）中小高新技术企业投资合同或章程的复印件、实际所投资金验资报告等相关材料；

（4）中小高新技术企业基本情况（包括企业职工人数、年销售（营业）额、资产总额等）说明；

（5）由省、自治区、直辖市和计划单列市高新技术企业认定管理机构出具的中小高新技术企业有效的高新技术企业证书（复印件）。

二、高新技术企业税收优惠政策

《企业所得税法》第二十八条规定，国家需要重点扶持的高新技术企业，减按 15% 的税率征收企业所得税。《企业所得税法实施条例》第九十三条规定，企业所得税法第二十八条第二款所称国家需要重点扶持的高新技术企业，是指拥有核心自主知识产权，并同时符合下列条件的企业：

（1）产品（服务）属于《国家重点支持的高新技术领域》规定的范围；

（2）研究开发费用占销售收入的比例不低于规定比例；

（3）高新技术产品（服务）收入占企业总收入的比例不低于规定比例；

（4）科技人员占企业职工总数的比例不低于规定比例；

（5）高新技术企业认定管理办法规定的其他条件。

《国家重点支持的高新技术领域》和《高新技术企业认定管理办法》由国务院科技、财政、税务主管部门商国务院有关部门制订，报国务院批准后公布施行。

按照《科技部、财政部、国家税务总局关于印发〈高新技术企业认定管理办法〉的通知》（国科发火［2008］172 号）规定，高新技术企业认定须同时满足以下六个条件：

（1）在中国境内（不含港、澳、台地区）注册的企业，近 3 年内通过自主研发、受让、受赠、并购等方式，或通过 5 年以上的独占许可方式，对其主要产品（服务）的核心技术拥有自主知识产权；

（2）产品（服务）属于《国家重点支持的高新技术领域》规定的范围；

（3）具有大学专科以上学历的科技人员占企业当年职工总数的 30％以上，其中研发人员占企业当年职工总数的 10％以上；

（4）企业为获得科学技术（不包括人文、社会科学）新知识，创造性运用科学技术新知识，或实质性改进技术、产品（服务）而持续进行了研究开发活动，且近三个会计年度的研究开发费用总额占销售收入总额的比例符合如下要求：①最近一年销售收入小于 5 000 万元的企业，比例不低于 6％；②最近一年销售收入在 5 000 万元至 20 000 万元的企业，比例不低于 4％；③最近一年销售收入在 20 000 万元以上的企业，比例不低于 3％。

（5）高新技术产品（服务）收入占企业当年总收入的 60％以上；

（6）企业研究开发组织管理水平、科技成果转化能力、自主知识产权数量、销售与总资产成长性等指标符合《高新技术企业认定管理工作指引》要求。

认定（复审）合格的高新技术企业，自认定（复审）批准的有效期当年开始，可申请享受企业所得税优惠。企业取得省、自治区、直辖市、计划单列市高新技术企业认定管理机构颁发的"高新技术企业证书"后，可持"高新技术企业证书"及其复印件和有关资料，向主管税务机关申请办理减免税手续。符合条件的高新技术企业，主管税务机关按照企业所得税法及其实施条例的规定，可按 15％的税率进行所得税预缴申报。

纳税年度终了后至报送年度纳税申报表以前，已办理减免税手续的企业需向主管税务机关备案有关资料：

（1）产品（服务）属于《国家重点支持的高新技术领域》规定的范围的说明；

（2）企业年度研究开发费用结构明细表；

（3）企业当年高新技术产品（服务）收入占企业总收入的比例说明；

（4）企业具有大学专科以上学历的科技人员占企业当年职工总数的比例说明、研发人员占企业当年职工总数的比例说明。

上述资料的计算、填报口径参照《高新技术企业认定管理工作指引》的有关规定执行。

此外需要注意的是，未取得高新技术企业资格或复审不合格的，不得享受税收优惠；虽取得高新技术企业资格但不符合企业所得税法及实施条例等规定条件的企业，不得享受高新技术企业的优惠，已享受优惠的，应追缴其已减免的企业所得税税款；高新技术企业证书不在有效期内的，其高新技术企业资格自动失效，不得继续享受税收优惠。

三、技术转让所得税收优惠政策

一个纳税年度内，居民企业技术转让所得不超过 500 万元的部分，免征企业所得税；超过 500 万元的部分，减半征收企业所得税。

享受减免企业所得税优惠的技术转让应符合以下条件：

（1）享受优惠的技术转让主体是企业所得税法规定的居民企业；

（2）技术转让属于财政部、国家税务总局规定的范围；

（3）境内技术转让经省级以上科技部门认定；

（4）向境外转让技术经省级以上商务部门认定；

（5）国务院税务主管部门规定的其他条件。

符合条件的技术转让所得应按以下方法计算：

技术转让所得＝技术转让收入－技术转让成本－相关税费

技术转让收入是指当事人履行技术转让合同后获得的价款，不包括销售或转让设备、仪器、零部件、原材料等非技术性收入。不属于与技术转让项目密不可分的技术咨询、技术服务、技术培训等收入，不得计入技术转让收入。

技术转让成本是指转让的无形资产的净值，即该无形资产的计税基础减除在资产使用期间按照规定计算的摊销扣除额后的余额。

相关税费是指技术转让过程中实际发生的有关税费，包括除企业所得税和允许抵扣的增值税以外的各项税金及其附加、合同签订费用、律师费等相关费用及其他支出。

享受技术转让所得减免企业所得税优惠的企业，应单独计算技术转让所得，并合理分摊企业的期间费用；没有单独计算的，不得享受技术转让所得企业所得税优惠。

企业发生技术转让，应在纳税年度终了后至报送年度纳税申报表以前，向主管税务机关办理减免税备案手续。

企业发生境内技术转让，向主管税务机关备案时应报送以下资料：技术转让合同（副本）；省级以上科技部门出具的技术合同登记证明；技术转让所得归集、分摊、计算的相关资料；实际缴纳相关税费的证明资料；主管税务机关要求提供的其他资料。

企业向境外转让技术，向主管税务机关备案时应报送以下资料：技术出口合同（副本）；省级以上商务部门出具的技术出口合同登记证书或技术出口许可证；技术出口合同数据表；技术转让所得归集、分摊、计算的相关资料；实际缴纳相关税费的证明资料；主管税务机关要求提供的其他资料。

第四节　小型微利企业税收优惠

小型微利企业低税率优惠政策是国家税务总局响应国务院支持中小企业发展的企业所得税优惠政策。

一、相关优惠政策规定

《企业所得税法》第二十八条规定，符合条件的小型微利企业，减按20%的税率征收企业所得税。也就是说，与企业所得税法定税率25%相比，小型微利企业的所得税税负降低了 20％。

为了继续发挥小企业在促进经济发展、增加就业等方面的积极作用，支持小企业发展，《财政部、国家税务总局关于小型微利企业所得税优惠政策有关问题的通知》（财税〔2011〕117 号）规定，自 2012 年 1 月 1 日至 2015 年 12 月 31 日，对年应纳税所得额低于 6 万元（含 6 万元）的小型微利企业，其所得减按 50％计入应纳税所得额，按 20％的税率缴纳企业所得税。也就是说，符合上述规定的小型微利企业，实际执行的企业所得税率为 10％，税负与一般企业相比降低了 60％。

结合《企业所得税法》第二十八条与《企业所得税法实施条例》第九十二条的规定，我们可以得出，2012 年度至 2015 年度，对年应纳税所得额低于 6 万元（含 6 万元）的小型微利企业，执行 10％的所得税优惠税率；6 万元至 30 万元（包含 30 万元）的小型微利企业，执行 20％的企业所得税优惠税率。

二、享受资格条件认定

《企业所得税法实施条例》第九十二条规定，《企业所得税法》第二十八条第一款所称符合条件的小型微利企业，是指从事国家非限制和禁止行业，并符合下列条件的企业：工业企业，年度应纳税所得额不超过 30 万元，从业人数不超过 100 人，资产总额不超过 3 000 万元；其他企业，年度应纳税所得额不超过 30 万元，从业人数不超过 80 人，资产总额不超过 1 000 万元。

并非所有小型微利企业都可以享受企业所得税优惠。具体而言，享受小型微利企业所得税优惠必须同时满足以下条件：

一是从事国家非限制和禁止行业。国家限制和禁止行业，参照《产业结构调整指导目录（2005 年本）》（国家发展和改革委员会令第 40 号）执行。

二是年度应纳税所得额不得超过 30 万元。企业每一年度的收入总额，减除不征税收入、免税收入、各项扣除以及允许弥补的以前年度亏损后的余额，为应纳税所得额。

三是从业人数和资产总额不能超过规定的标准。

关于小型微利企业"从业人数"、"资产总额"的计算标准，《国家税务总局关于小型微利企业所得税预缴问题的通知》（国税函〔2008〕251号）规定，"从业人数"按企业全年平均从业人数计算，"资产总额"按企业年初和年末的资产总额平均计算。

而《财政部、国家税务总局关于执行企业所得税优惠政策若干问题的通知》（财税〔2009〕69号）规定，《企业所得税法实施条例》第九十二条第（一）项和第（二）项所称从业人数，是指与企业建立劳动关系的职工人数和企业接受的劳务派遣用工人数之和；从业人数和资产总额指标，按企业全年月平均值确定，具体计算公式如下：月平均值＝（月初值＋月末值）÷2，全年月平均值＝全年各月平均值之和÷12，年度中间开业或者终止经营活动的，以其实际经营期作为一个纳税年度确定上述相关指标。

国税函〔2008〕251号文与财税〔2009〕69号文规定的"从业人数"和"资产总额"计算指标的标准是有所区别的。对此，根据《国家税务总局关于小型微利企业预缴企业所得税有关问题的公告》（2012年第14号）规定，在预缴企业所得税时，符合条件的小型微利企业"从业人数"、"资产总额"的计算标准按照《国家税务总局关于小型微利企业所得税预缴问题的通知》（国税函〔2008〕251号）文第二条规定执行。而纳税年度终了后，主管税务机关核实企业当年是否符合小型微利企业条件，从而是否要求企业补缴已计算的减免所得税额时，仍应按《财政部、国家税务总局关于执行企业所得税优惠政策若干问题的通知》（财税〔2009〕69号）的规定计算这两个指标。

同时，《财政部、国家税务总局关于执行企业所得税优惠政策若干问题的通知》（财税〔2009〕69号）规定，《企业所得税法》第二十八条规定的小型微利企业待遇，应适用于具备建账核算应纳税所得额条件的企业，按照《企业所得税核定征收办法》（国税发〔2008〕30号）缴纳企业所得税的企业，在不具备准确核算应纳税所得额条件前，暂不适用小型微利企业适用税率。虽然财税〔2011〕117号文扩大了小型微利企业优惠政策的适用范围，但对象仍必须是查账征收企业，按照《企业所得税核定征收办法》缴纳企业所得税的企业，在未准确核算应纳税所得额前，仍暂不适用小型微利企业的适用税率。

另外，按照《国家税务总局关于非居民企业不享受小型微利企业所得税优惠政策问题的通知》（国税函〔2008〕650号）规定，《企业所得税法》第二十八条规定的小型微利企业是指企业的全部生产经营活动产生的所得均负有我国企业所得税纳税义务的企业。因此，来源于我国所得负有我国纳税义务的非居民企业，不适用该条规定的减按20%税率征收企业所得税的政策。

三、备案要求

小型微利企业所得税减免属备案类税收优惠，符合条件的小型微利企业应当在年度申报前到主管税务机关办理备案登记，按规定提交以下相关资料，并对其申请材料的真实性负责：

（1）企业所得税税收优惠事项备案表；

（2）财务会计报表；

（3）各月职工工资表、社保缴交记录；

（4）与劳务派遣公司订立的劳务派遣协议；

（5）对照产业目录具体项目，说明本企业所从事行业；

（6）主管税务机关要求提供的其他资料。

主管税务机关受理企业备案资料后，应认真审核，同时制作《备案类减免税告知书》送达纳税人。

没有事先向税务机关备案及未按规定备案的，即使符合税收优惠条件的纳税人也不得享受小型微利企业税收优惠；经税务机关审核不符合税收优惠条件的，税务机关应书面通知纳税人不得享受税收优惠。

第五章　企业所得税特别纳税调整实务

第一节　关联方及关联交易

《企业所得税法实施条例》第一百零九条规定，《企业所得税法》第四十一条所称关联方，是指与企业有下列关联关系之一的企业、其他组织或者个人：

（1）在资金、经营、购销等方面存在直接或者间接的控制关系；

（2）直接或者间接地同为第三者控制；

（3）在利益上具有相关联的其他关系。

一、关联关系的判定

关联关系，主要是指企业与其他企业、组织或个人具有下列之一关系：

（1）一方直接或间接持有另一方的股份总和达到25％以上，或者双方直接或间接同为第三方所持有的股份达到25％以上。若一方通过中间方对另一方间接持有股份，只要一方对中间方持股比例达到25％以上，则一方对另一方的持股比例按照中间方对另一方的持股比例计算。

（2）一方与另一方（独立金融机构除外）之间借贷资金占一方实收资本50％以上，或者一方借贷资金总额的10％以上是由另一方（独立金融机构除外）担保。

（3）一方半数以上的高级管理人员（包括董事会成员和经理）或至少

一名可以控制董事会的董事会高级成员是由另一方委派，或者双方半数以上的高级管理人员（包括董事会成员和经理）或至少一名可以控制董事会的董事会高级成员同为第三方委派。

（4）一方半数以上的高级管理人员（包括董事会成员和经理）同时担任另一方的高级管理人员（包括董事会成员和经理），或者一方至少一名可以控制董事会的董事会高级成员同时担任另一方的董事会高级成员。

（5）一方的生产经营活动必须由另一方提供的工业产权、专有技术等特许权才能正常进行。

（6）一方的购买或销售活动主要由另一方控制。

（7）一方接受或提供劳务主要由另一方控制。

（8）一方对另一方的生产经营、交易具有实质控制，或者双方在利益上具有相关联的其他关系，包括虽未达到本条第1项持股比例，但一方与另一方的主要持股方享受基本相同的经济利益，以及家族、亲属关系等。

二、关联交易的类型

关联交易主要包括以下类型：

（1）有形资产的购销、转让和使用，包括房屋建筑物、交通工具、机器设备、工具、商品、产品等有形资产的购销、转让和租赁业务；

（2）无形资产的转让和使用，包括土地使用权、版权（著作权）、专利、商标、客户名单、营销渠道、牌号、商业秘密和专有技术等特许权，以及工业品外观设计或实用新型等工业产权的所有权转让和使用权的提供业务；

（3）融通资金，包括各类长短期资金拆借和担保以及各类计息预付款和延期付款等业务；

（4）提供劳务，包括市场调查、行销、管理、行政事务、技术服务、维修、设计、咨询、代理、科研、法律、会计事务等服务的提供。

三、资料报送要求

实行查账征收的居民企业和在中国境内设立机构、场所并据实申报缴纳企业所得税的非居民企业向税务机关报送年度企业所得税纳税申报表时，应附送《中华人民共和国企业年度关联业务往来报告表》，包括《关联关系表》、《关联交易汇总表》、《购销表》、《劳务表》、《无形资产表》、《固定资产表》、《融通资金表》、《对外投资情况表》和《对外支付款项情况表》，上述表单见第四篇第一章。企业按规定期限报送上述报告表确有困难，需要延期的，应按征管法及其实施细则的有关规定办理。

同时，企业应根据《企业所得税法实施条例》第一百一十四条的规定，按纳税年度准备、保存、并按税务机关要求提供其关联交易的同期资料。

第二节　转让定价方法

企业发生关联交易以及税务机关审核、评估关联交易均应遵循独立交易原则，选用合理的转让定价方法。独立交易原则，是指没有关联关系的交易各方，按照公平成交价格和营业常规进行业务往来遵循的原则。转让定价方法包括可比非受控价格法、再销售价格法、成本加成法、交易净利润法、利润分割法和其他符合独立交易原则的方法。

一、可比性分析因素

选用合理的转让定价方法应进行可比性分析。可比性分析因素主要包括以下五个方面内容。

（1）交易资产或劳务特性，主要包括：有形资产的物理特性、质量、数量等，劳务的性质和范围，无形资产的类型、交易形式、期限、范围、预期收益等。

（2）交易各方功能和风险。功能主要包括：研发、设计，采购，加工、装配、制造，存货管理、分销、售后服务、广告、运输、仓储，融资，财务、会计、法律及人力资源管理等，在比较功能时，应关注企业为发挥功能所使用资产的相似程度。风险主要包括：研发风险，采购风险，生产风险，分销风险，市场推广风险，管理及财务风险等。

（3）合同条款，主要包括：交易标的，交易数量、价格，收付款方式和条件，交货条件，售后服务范围和条件，提供附加劳务的约定，变更、修改合同内容的权利，合同有效期，终止或续签合同的权利。

（4）经济环境，主要包括：行业概况，地理区域，市场规模，市场层级，市场占有率，市场竞争程度，消费者购买力，商品或劳务可替代性，生产要素价格，运输成本，政府管制等。

（5）经营策略，主要包括：创新和开发策略，多元化经营策略，风险规避策略，市场占有策略等。

二、可比非受控价格法

可比非受控价格法以非关联方之间进行的与关联交易相同或类似业务活动所收取的价格作为关联交易的公平成交价格。

可比性分析应特别考察关联交易与非关联交易在交易资产或劳务的特性、合同条款及经济环境上的差异，按照不同交易类型具体包括如下内容：

1. 有形资产的购销或转让

（1）购销或转让过程，包括交易的时间与地点、交货条件、交货手续、支付条件、交易数量、售后服务的时间和地点等。

（2）购销或转让环节，包括出厂环节、批发环节、零售环节、出口环节等。

（3）购销或转让货物，包括品名、品牌、规格、型号、性能、结构、外型、包装等。

（4）购销或转让环境，包括民族风俗、消费者偏好、政局稳定程度以及财政、税收、外汇政策等。

2. 有形资产的使用

（1）资产的性能、规格、型号、结构、类型、折旧方法。

（2）提供使用权的时间、期限、地点。

（3）资产所有者对资产的投资支出、维修费用等。

3. 无形资产的转让和使用

（1）无形资产类别、用途、适用行业、预期收益。

（2）无形资产的开发投资、转让条件、独占程度、受有关国家法律保护的程度及期限、受让成本和费用、功能风险情况、可替代性等。

4. 融通资金

融资的金额、币种、期限、担保、融资人的资信、还款方式、计息方法等。

5. 提供劳务

业务性质、技术要求、专业水准、承担责任、付款条件和方式、直接和间接成本等。

关联交易与非关联交易之间在以上方面存在重大差异的，应就该差异对价格的影响进行合理调整，无法合理调整的，应选择其他合理的转让定价方法。可比非受控价格法可以适用于所有类型的关联交易。

【例4-5-1】青青公司是一家专业生产电子产品的企业，2013年将其生产的10 000台电脑销往母公司，销售价是5 000元/台；10 000台电脑销售给国内的其他十家非关联零售商，销售价为8 000元/台。这种情况下，青青公司该如何调整关联企业间的内部交易价格呢？

由于青青公司销往母公司的价格明显低于非关联交易，这样的定价就很容易受到税务机关的质疑。青青公司可以从产品销售的数量、技术支持以及可能产生的坏账等方面出发，对关联交易和非关联交易作进一步的分析。如：销售给母公司的产品数量要比单个非关联零售商的多，因此可以有一定的价格折扣；由于是集团内部，相应的营销费用和技术支持费用都能得到最小化；此外，关联企业间产生的坏账可能性要远远小于第三方无关联的企业。

综合以上种种因素，青青公司可以适当地调低与关联企业之间的交易价格，即使税务机关对此产生质疑，青青公司也可以就以上因素进行解释。

三、再销售价格法

再销售价格法以关联方购进商品再销售给非关联方的价格减去可比非关联交易毛利后的金额作为关联方购进商品的公平成交价格。其计算公式如下：

公平成交价格＝再销售给非关联方的价格×（1－可比非关联交易毛利率）

可比非关联交易毛利率＝可比非关联交易毛利/可比非关联交易收入净额×100%

可比性分析应特别考察关联交易与非关联交易在功能风险及合同条款上的差异以及影响毛利率的其他因素，具体包括销售、广告及服务功能，存货风险，机器、设备的价值及使用年限，无形资产的使用及价值，批发或零售环节，商业经验，会计处理及管理效率等。

关联交易与非关联交易之间在以上方面存在重大差异的，应就该差异对毛利率的影响进行合理调整，无法合理调整的，应选择其他合理的转让定价方法。再销售价格法通常适用于再销售者未对商品进行改变外型、性能、结构或更换商标等实质性增值加工的简单加工或单纯购销业务。

【例4－5－2】青青公司2013年10月将其生产的10 000台电脑销往的母公司，销售价是5 000元/台，经过简单的包装之后，母公司以8 000元/台的价格销售给深圳零售商，销售给深圳零售商的该批电脑的可比非关联交易毛利率为20%。次年8月，税务机关认定青青公司与母公司2013年10月的电脑交易违背了独立交易原则，税务机关决定运用再销售价格法对青青公司的成交价进行调整，重新核定收入额。青青公司的企业所得税率为25%，如何计算税务机关对青青公司的该批电脑转让收入调增额及企业所得税额？

公平成交价格＝再销售给非关联方的价格×（1－可比非关联交易毛利率）＝8 000×（1－20%）＝6 400（元）

青青公司收入调增额＝（公平成交价格－实际销售价格）×青青公司受控销售数量＝（8 000 － 6 400）×10 000＝1 600（万元）。

青青公司 2013 年应补交企业所得税额 1 600×25％＝400（万元），同时还要承担加收利息。

四、成本加成法

成本加成法以关联交易发生的合理成本加上可比非关联交易毛利作为关联交易的公平成交价格。其计算公式如下：

公平成交价格＝关联交易的合理成本×（1＋可比非关联交易成本加成率）

可比非关联交易成本加成率＝可比非关联交易毛利／可比非关联交易成本×100％

可比性分析应特别考察关联交易与非关联交易在功能风险及合同条款上的差异以及影响成本加成率的其他因素，具体包括制造、加工、安装及测试功能，市场及汇兑风险，机器、设备的价值及使用年限，无形资产的使用及价值，商业经验，会计处理及管理效率等。

关联交易与非关联交易之间在以上方面存在重大差异的，应就该差异对成本加成率的影响进行合理调整，无法合理调整的，应选择其他合理的转让定价方法。成本加成法通常适用于有形资产的购销、转让和使用，劳务提供或资金融通的关联交易。

【例4－5－3】青青公司 2013 年 10 月将其生产的 10 000 台电脑销往的母公司，销售价是 5 000 元/台。次年 8 月，税务机关认定青青公司与母公司 2013 年 10 月的电脑交易违背了独立交易原则，税务机关决定运用成本加成法对青青公司的成交价进行调整，重新核定收入额。经税务机关核查，青青公司生产这批电脑的成本为 4 000 万元，销售费用为 500 万元，同时青青公司正常情况下的成本加成率为 20％，企业所得税率为 25％，如何计算税务机关对青青公司的该批电脑转让收入调增额及企业所得税额？

公平成交价格 ＝（4 000＋500）×（1＋20％）＝ 5 400（万元）

青青公司收入调增额 ＝ 5 400－5 000 ＝ 400（万元）

青青公司 2013 年应补交企业所得税额 400×25％ ＝ 100（万元），同时还要承担加收利息。

五、交易净利润法

交易净利润法以可比非关联交易的利润率指标确定关联交易的净利润。利润率指标包括资产收益率、销售利润率、完全成本加成率、贝里比率等。

可比性分析应特别考察关联交易与非关联交易之间在功能风险及经济环境上的差异以及影响营业利润的其他因素，具体包括执行功能、承担风险和使用资产，行业和市场情况，经营规模，经济周期和产品生命周期，成本、费用、所得和资产在各交易间的分摊，会计处理及经营管理效率等。

关联交易与非关联交易之间在以上方面存在重大差异的，应就该差异对营业利润的影响进行合理调整，无法合理调整的，应选择其他合理的转让定价方法。交易净利润法通常适用于有形资产的购销、转让和使用，无形资产的转让和使用以及劳务提供等关联交易。

【例4—5—4】承上例资料，税务机关决定运用交易净利润法对青青公司的成交价进行调整，重新核定收入额。经税务机关核查，青青公司生产这批电脑的成本为4 000万元，销售费用为500万元，同时青青公司正常情况下的销售利润率为20%，企业所得税率为25%，如何计算税务机关对青青公司的该批电脑转让收入调增额及企业所得税额？

公平成交价格 ＝（4 000＋500）÷（1－20%）＝ 5 625（万元）

青青公司收入调增额 ＝ 5 625 － 5 000 ＝ 625（万元）

青青公司2013年应补交企业所得税额＝625 × 25% ＝ 156.25（万元），同时还要承担加收利息。

六、利润分割法

利润分割法根据企业与其关联方对关联交易合并利润的贡献计算各自应该分配的利润额。利润分割法分为一般利润分割法和剩余利润分割法。

一般利润分割法根据关联交易各参与方所执行的功能、承担的风险以及使用的资产，确定各自应取得的利润。剩余利润分割法将关联交易各参与方的合并利润减去分配给各方的常规利润的余额作为剩余利润，再根据各方对剩余利润的贡献程度进行分配。

可比性分析应特别考察交易各方执行的功能、承担的风险和使用的资产，成本、费用、所得和资产在各交易方之间的分摊，会计处理，确定交易各方对剩余利润贡献所使用信息和假设条件的可靠性等。利润分割法通常适用于各参与方关联交易高度整合且难以单独评估各方交易结果的情况。

【例4—5—5】A公司是一家设立在上海的外商投资企业，乙国的B公司是其母公司，A公司的经营资产为2 000万美元，B公司的经营资产为3 000美元。A公司的销售成本为1 000万美元，取得的经营利润为100万美元；B公司当期取得的经营利润为400万美元。税务机关要根据利润分割法来确定A公司向B公司的合理销售价格，并且用经营资产规模作为衡量对利润贡献大小的惟一参数。那么A公司的合理销售价格该如何计算？

由于A、B公司的经营资产规模之比为2∶3，所以各自取得的利润之比也应为2∶3。这样，A公司的利润就应在两个公司500万美元的总利润额中占2/5，即200万美元。由于A公司的销售成本为1 000万美元，其向B公司的合理销售价格应为1 200万美元。

另需注意的是，税务机关有权依据税收征管法及其实施细则有关税务检查的规定，确定调查企业，进行转让定价调查、调整。被调查企业必须据实报告其关联交易情况，并提供相关资料，不得拒绝或隐瞒。

转让定价调查应重点选择以下企业：

(1) 关联交易数额较大或类型较多的企业；

(2) 长期亏损、微利或跳跃性盈利的企业；

（3）低于同行业利润水平的企业；

（4）利润水平与其所承担的功能风险明显不相匹配的企业；

（5）与避税港关联方发生业务往来的企业；

（6）未按规定进行关联申报或准备同期资料的企业；

（7）其他明显违背独立交易原则的企业。

实际税负相同的境内关联方之间的交易，只要该交易没有直接或间接导致国家总体税收收入的减少，原则上不做转让定价调查、调整。

第三节 成本分摊协议管理

成本分摊协议是指参与方共同签署对开发、受让的无形资产或参与的劳务活动享有受益权，并承担相应的活动成本的协议。关联方承担的成本应与非关联方在可比条件下为获得上述受益权而支付的成本相一致。参与方使用成本分摊协议所开发或受让的无形资产不需另支付特许权使用费。企业对成本分摊协议所涉及无形资产或劳务的受益权应有合理的、可计量的预期收益，且以合理商业假设和营业常规为基础。涉及劳务的成本分摊协议一般适用于集团采购和集团营销策划。

一、成本分摊协议

1. 成本分摊协议主要内容

（1）参与方的名称、所在国家（地区）、关联关系、在协议中的权利和义务；

（2）成本分摊协议所涉及的无形资产或劳务的内容、范围，协议涉及研发或劳务活动的具体承担者及其职责、任务；

（3）协议期限；

（4）参与方预期收益的计算方法和假设；

（5）参与方初始投入和后续成本支付的金额、形式、价值确认的方法以及符合独立交易原则的说明；

(6) 参与方会计方法的运用及变更说明；

(7) 参与方加入或退出协议的程序及处理规定；

(8) 参与方之间补偿支付的条件及处理规定；

(9) 协议变更或终止的条件及处理规定；

(10) 非参与方使用协议成果的规定。

2. 协议变更、终止处理原则

已经执行并形成一定资产的成本分摊协议，参与方发生变更或协议终止执行，应根据独立交易原则做如下处理：

(1) 加入支付，即新参与方为获得已有协议成果的受益权应做出合理的支付；

(2) 退出补偿，即原参与方退出协议安排，将已有协议成果的受益权转让给其他参与方应获得合理的补偿；

(3) 参与方变更后，应对各方受益和成本分摊情况做出相应调整；

(4) 协议终止时，各参与方应对已有协议成果做出合理分配。

企业不按独立交易原则对上述情况做出处理而减少其应纳税所得额的，税务机关有权做出调整。

3. 成本分摊协议执行期间，参与方实际分享的收益与分摊的成本不相配比的，应根据实际情况做出补偿调整

二、成本分摊协议的批准

企业可采取预约定价安排的方式达成成本分摊协议。企业应自成本分摊协议达成之日起 30 日内，层报国家税务总局备案。税务机关判定成本分摊协议是否符合独立交易原则须层报国家税务总局审核。

三、成本分摊协议的税务处理

1. 对于符合独立交易原则的成本分摊协议，有关税务处理方法

(1) 企业按照协议分摊的成本，应在协议规定的各年度税前扣除；

（2）涉及补偿调整的，应在补偿调整的年度计入应纳税所得额；

（3）涉及无形资产的成本分摊协议，加入支付、退出补偿或终止协议时对协议成果分配的，应按资产购置或处置的有关规定处理。

2. 企业与其关联方签署成本分摊协议，有下列情形之一的，其自行分摊的成本不得税前扣除

（1）不具有合理商业目的和经济实质；

（2）不符合独立交易原则；

（3）没有遵循成本与收益配比原则；

（4）未按本办法有关规定备案或准备、保存和提供有关成本分摊协议的同期资料；

（5）自签署成本分摊协议之日起经营期限少于 20 年。

四、成本分摊协议同期资料

企业执行成本分摊协议期间，还应准备和保存以下成本分摊协议的同期资料：

（1）成本分摊协议副本；

（2）成本分摊协议各参与方之间达成的为实施该协议的其他协议；

（3）非参与方使用协议成果的情况、支付的金额及形式；

（4）本年度成本分摊协议的参与方加入或退出的情况，包括加入或退出的参与方名称、所在国家（地区）、关联关系，加入支付或退出补偿的金额及形式；

（5）成本分摊协议的变更或终止情况，包括变更或终止的原因、对已形成协议成果的处理或分配；

（6）本年度按照成本分摊协议发生的成本总额及构成情况；

（7）本年度各参与方成本分摊的情况，包括成本支付的金额、形式、对象，做出或接受补偿支付的金额、形式、对象；

（8）本年度协议预期收益与实际结果的比较及由此做出的调整。

企业执行成本分摊协议期间，无论成本分摊协议是否采取预约定价安排的方式，均应在本年度的次年 6 月 20 日之前向税务机关提供成本分摊协议的同期资料。

第四节　受控外国企业管理

受控外国企业是指根据所得税法第四十五条的规定，由居民企业，或者由居民企业和居民个人（以下统称中国居民股东，包括中国居民企业股东和中国居民个人股东）控制的设立在实际税负低于所得税法第四条第一款规定税率水平 50％的国家（地区），并非出于合理经营需要对利润不作分配或减少分配的外国企业。控制是指在股份、资金、经营、购销等方面构成实质控制。其中，股份控制是指由中国居民股东在纳税年度任何一天单层直接或多层间接单一持有外国企业 10％以上有表决权股份，且共同持有该外国企业 50％以上股份。中国居民股东多层间接持有股份按各层持股比例相乘计算，中间层持有股份超过 50％的，按100％计算。

一、所得适用范围及计算

我国一家居民企业对设在避税地，即实际税负明显低于 12.5％的国家（地区）的某外国企业进行控制，并且出于避税方面的利益对该外国企业的利润不进行应有的分配，那么该利润应计入居民企业当期收入总额中一并纳税。计入中国居民企业股东当期的视同受控外国企业股息分配的所得，应按以下公式计算：

中国居民企业股东当期所得＝视同股息分配额×实际持股天数

÷受控外国企业纳税年度天数×股东持股比例

中国居民股东多层间接持有股份的，股东持股比例按各层持股比例相乘计算。

受控外国企业与中国居民企业股东纳税年度存在差异的，应将视同股息分配所得计入受控外国企业纳税年度终止日所属的中国居民企业股东的纳税年度。

二、重复征税处理

计入中国居民企业股东当期所得已在境外缴纳的企业所得税税款，可按照所得税法或税收协定的有关规定抵免。

受控外国企业实际分配的利润已根据所得税法第四十五条规定征税的，不再计入中国居民企业股东的当期所得。

三、免责条款

中国居民企业股东能够提供资料证明其控制的外国企业满足以下条件之一的，可免于将外国企业不作分配或减少分配的利润视同股息分配额，计入中国居民企业股东的当期所得：

（1）设立在国家税务总局指定的非低税率国家（地区）；

（2）主要取得积极经营活动所得；

（3）年度利润总额低于 500 万元人民币。

按照《国家税务总局关于简化判定中国居民股东控制外国企业所在国实际税负的通知》（国税函〔2009〕37 号）的规定，中国居民企业或居民个人能够提供资料证明其控制的外国企业设立在美国、英国、法国、德国、日本、意大利、加拿大、澳大利亚、印度、南非、新西兰和挪威的，可免于将该外国企业不作分配或者减少分配的利润视同股息分配额，计入中国居民企业的当期所得。

第五节　资本弱化管理

《企业所得税法》第四十六条规定，企业从其关联方接受的债权性投资与权益性投资的比例超过规定标准而发生的利息支出，不得在计算应纳税所得额时扣除。

一、利息支出的法律规定

《企业所得税法》第四十六条所称债权性投资，是指企业直接或者间接从关联方获得的，需要偿还本金和支付利息或者需要以其他具有支付利息性质的方式予以补偿的融资。企业间接从关联方获得的债权性投资，包括：

（1）关联方通过无关联第三方提供的债权性投资；

（2）无关联第三方提供的、由关联方担保且负有连带责任的债权性投资；

（3）其他间接从关联方获得的具有负债实质的债权性投资。

《企业所得税法》第四十六条所称权益性投资，是指企业接受的不需要偿还本金和支付利息，投资人对企业净资产拥有所有权的投资。

《企业所得税法》第四十六条所称的利息支出包括直接或间接关联债权投资实际支付的利息、担保费、抵押费和其他具有利息性质的费用。实际支付利息是指企业按照权责发生制原则计入相关成本、费用的利息。

二、不得税前扣除利息支出的计算方法

《企业所得税法》第四十六条所称不得在计算应纳税所得额时扣除的利息支出应按以下公式计算：

不得扣除利息支出＝年度实际支付的全部关联方利息×（1－标准比例/关联债资比例）

其中：标准比例是指《财政部、国家税务总局关于企业关联方利息支出税前扣除标准有关税收政策问题的通知》（财税〔2008〕121号）规定的比例。

（1）在计算应纳税所得额时，企业实际支付给关联方的利息支出，不超过以下规定比例和税法及其实施条例有关规定计算的部分，准予扣除，超过的部分不得在发生当期和以后年度扣除。

企业实际支付给关联方的利息支出，符合本通知第二条规定外，其接

受关联方债权性投资与其权益性投资比例为：①金融企业，为 5：1；②其他企业，为 2：1。

（2）企业如果能够按照税法及其实施条例的有关规定提供相关资料，并证明相关交易活动符合独立交易原则的；或者该企业的实际税负不高于境内关联方的，其实际支付给境内关联方的利息支出，在计算应纳税所得额时准予扣除。

（3）企业同时从事金融业务和非金融业务，其实际支付给关联方的利息支出，应按照合理方法分开计算；没有按照合理方法分开计算的，一律按前述第 1 条有关其他企业的比例计算准予税前扣除的利息支出。

（4）企业自关联方取得的不符合规定的利息收入应按照有关规定缴纳企业所得税。

关联债资比例是指根据《企业所得税法》第四十六条及《企业所得税法实施条例》第一百一十九的规定，企业从其全部关联方接受的债权性投资（以下简称关联债权投资）占企业接受的权益性投资（以下简称权益投资）的比例，关联债权投资包括关联方以各种形式提供担保的债权性投资。

关联债资比例的具体计算方法如下：

关联债资比例＝年度各月平均关联债权投资之和/年度各月平均权益投资之和

各月平均关联债权投资 ＝ （关联债权投资月初账面余额＋月末账面余额）/2

各月平均权益投资 ＝ （权益投资月初账面余额＋月末账面余额）/2

权益投资为企业资产负债表所列示的所有者权益金额。如果所有者权益小于实收资本（股本）与资本公积之和，则权益投资为实收资本（股本）与资本公积之和；如果实收资本（股本）与资本公积之和小于实收资本（股本）金额，则权益投资为实收资本（股本）金额。

三、资本弱化管理同期资料

企业关联债资比例超过标准比例的利息支出，如要在计算应纳税所得额时扣除，应准备、保存、并按税务机关要求提供以下同期资料，证明关联债权投资金额、利率、期限、融资条件以及债资比例等均符合独立交易原则：

(1) 企业偿债能力和举债能力分析；

(2) 企业集团举债能力及融资结构情况分析；

(3) 企业注册资本等权益投资的变动情况说明；

(4) 关联债权投资的性质、目的及取得时的市场状况；

(5) 关联债权投资的货币种类、金额、利率、期限及融资条件；

(6) 企业提供的抵押品情况及条件；

(7) 担保人状况及担保条件；

(8) 同类同期贷款的利率情况及融资条件；

(9) 可转换公司债券的转换条件；

(10) 其他能够证明符合独立交易原则的资料。

四、不得税前扣除利息支出的税务处理

1. 对关联方之间分配的不得税前扣除利息支出的税务处理

不得在计算应纳税所得额时扣除的利息支出，应按照实际支付给各关联方利息占关联方利息总额的比例，在各关联方之间进行分配，其中：分配给实际税负高于企业的境内关联方的利息准予扣除；直接或间接实际支付给境外关联方的利息应视同分配的股息，按照股息和利息分别适用的所得税税率差补征企业所得税，如已扣缴的所得税税款多于按股息计算应征所得税税款，多出的部分不予退税。

2. 超过标准比例的关联方利息支出的税务处理

企业未按规定准备、保存和提供同期资料证明关联全权投资金额、利率、期限、融资条件以及债资比例等符合独立交易原则的，其超过标准比例的关联方利息支出，不得在计算应纳税所得额时扣除。

3. 涉及转让定价利息支出的税务处理

企业实际支付关联方利息存在转让定价问题的，税务机关应首先按照

"转让定价调查与调整"有关规定实施转让定价调查调整。

【例4－5－6】A公司、B公司和C公司于2013年1月1日共投资5 000万元设立D公司。A公司权益性投资1 000万元，占20％股份；B公司权益性投资1 000万元，占20％股份；C公司权益性投资3 000万元，占60％的股份。2013年1月1日，D公司以10％年利率从A公司借款2 500万元，以9％年利率从B公司借款3 000万元，以7％年利率向C公司借款3 000万元。假设：A、B、C、D公司均为非金融企业；银行同期贷款利率为8％；D公司实际税负高于A公司，且D公司无法提供资料证明其借款活动符合独立交易原则；B公司可以提供税法规定的相关资料以证明其符合独立交易原则；D公司实际税负不高于C公司；相关借款金额2013年度未发生变动。2013年度D公司的实际支付利息是多少？D公司不得税前扣除利息支出是多少？同时A、B、C公司的利息收入是否要计入应纳税所得额？

1. 对A公司支付的利息

由于D公司实际税负高于A公司，且D公司无法提供资料证明其借款活动符合独立交易原则，D公司实际支付给A公司的利息支出，不超过财税〔2008〕121号文件规定的债资比例和企业所得税法及其实施条例有关规定计算的部分，准予扣除；超过的部分不得在发生当期和以后年度扣除。

D公司接受A公司的债权性投资和权益性投资分别为2 500万元和1 000万元，其债资比例为2.5∶1，高于规定的2∶1，并且其约定利率10％高于金融机构同期贷款利率8％，故D公司支付给A公司借款利息不能全额税前扣除。

2013年度D公司共支付A公司利息＝2 500×10％＝250（万元）

D公司可税前扣除的利息支出＝1 000×2×8％＝160（万元）

D公司不得扣除利息支出＝250－160＝90（万元），应在2013年度作纳税调整，且在以后年度也不可扣除。

2. 对 B 公司支付的利息

D 公司接受 B 公司的债权性投资可以提供税法规定的相关资料以证明其符合独立交易原则，可以不看债资比例的规定，但其约定利率 9% 高于金融机构同期贷款利率 8%，故 D 公司支付给 B 公司的利息支出不能全额在税前扣除。

2013 年度 D 公司共支付 B 公司利息 $= 3\,000 \times 9\% = 270$（万元）

D 公司可税前扣除的利息支出 $= 3\,000 \times 8\% = 240$（万元）

D 公司不得扣除利息支出 $= 270 - 240 = 30$（万元），

3. 对 C 公司支付的利息

D 公司实际税负不高于 B 公司，也可以不看债资比例的规定，其约定年利率 7% 低于金融机构同期贷款利率，故 D 公司支付给 C 公司的利息支出 $= 3\,000 \times 7\% = 210$（万元）可以全额在税前扣除。

4. A、B、C 公司的利息收入

A 公司自 D 公司取得的利息收入 250 万元、B 公司自 D 公司取得的利息收入 270 万元、C 公司自 D 公司取得的利息收入 210 万元，因企业所得税法和实施条例中没有相关税收优惠政策的规定，故均应按照财税〔2008〕121 号文件规定并入应纳税所得额计算缴纳企业所得税。